Deutsche Erstausgabe
1. Auflage 2025
© der deutschsprachigen Ausgabe:
von Hacht Verlag GmbH, Hamburg 2025
Alle Rechte vorbehalten
Der Verlag untersagt ohne ausdrückliche
schriftliche Zustimmung die Nutzung dieses Werkes im Sinne
des § 44 b UrhG für das Text- und Data-Mining.
Text copyright © Hannah Gold 2024
Illustrations copyright © Levi Pinfold 2024
Aus dem Englischen von Sylke Hachmeister
Verlegerin: Rebecca Weitendorf von Hacht
Lektorat: Diana Steinbrede
Die Originalausgabe erschien unter dem Titel
Turtle Moon bei HarperCollins *Children's Books*
ein Imprint von HarperCollins*Publishers* Ltd Großbritannien
Translation © von Hacht Verlag 2024,
translated under licence from HarperCollins*Publishers* Ltd.
Hannah Gold and Levi Pinfold assert the moral right
to be acknowledged as the author and the illustrator
of this work respectively.
Druck und Bindung: CPI books GmbH, Leck
ISBN: 978-3-96826-054-9
GPSR (General Product Safety Regulation)-Kontakt: von Hacht Verlag GmbH
GmbH, Semperstrasse 24, 22303 Hamburg, gpsr@w1-verlage.de

www.w1-vonhacht.de
www.instagram.com/vonhacht_verlag

HANNAH GOLD

SCHILDKRÖTEN-MOND

Mit Illustrationen von Levi Pinfold
Aus dem Englischen von Sylke Hachmeister

Für alle Mütter der Welt – wie eure Kinder auch kommen und selbst wenn sie gar nicht kommen. Möge euer Licht immer scheinen.

Erstes Kapitel

Die Eiche

Silver Trevelon schwang mit einer Hand am Ast ihres Lieblingsbaums. Es war eine mittelgroße Eiche, noch nicht uralt, doch im Laufe ihres Lebens hatte sie schon viele Veränderungen mitangesehen. Die Eiche stand hinten im Garten der Trevelons und war der perfekte Kletterbaum.

Und auf Bäume klettern war wohl Silvers allerliebste Beschäftigung. Für ihr Leben gern spürte sie die raue, knorrige Rinde unter den Fingerspitzen, die kühle Brise im Gesicht und den satten, erdigen Waldgeruch in der Nase. Vor allem war sie für ihr Leben gern so hoch oben. Eingesponnen in das Geflecht der obersten Zweige, hatte sie die besten, geradezu hochfliegenden Gedanken.

Eigentlich durfte Silver gar nicht mehr auf die Eiche klettern. Sie war nämlich einmal heruntergefallen und musste den Arm drei Wochen lang in einer Schlinge tragen. Doch während sie sich zum dritthöchsten Ast emporschwang (einem wunderbaren Ast, wie geschaffen für den Hintern einer Elfjährigen), dachte sie, dass das jetzt wirklich ein Notfall war.

Sie hatten heute in der Schule in Kunst eine Prüfung gehabt, und Silver hatte kläglich versagt. Selbst Roger White hatte besser abgeschnitten als sie, und der hatte nur eine Gespenstschrecke mit großen, leicht verwunderten Augen gezeichnet.

Mit finsterer Miene holte Silver ihre Zeichnung hervor.

»Und was soll das darstellen?«, hatte Mrs Snootle gedehnt gefragt, während die Klasse kicherte – alle außer Aziza, die Silvers beste Freundin war und sie nie auslachte, nicht mal, als sie aus Versehen im Schlafanzug mit Leopardenmuster zur Schule gekommen war.

»Das«, antwortete Silver und funkelte die Lehrerin an, »nennt man abstrakte Kunst.«

»Ah«, machte Mrs Snootle und drehte das Bild übertrieben hin und her. »Anscheinend hast du einige Begriffe von deinem Vater gelernt, sein Talent hast du allerdings nicht geerbt.«

Silver schlenkerte wütend mit den Beinen. Nicht so doll, dass es den Baum hätte beleidigen können, aber doch so sehr, dass die Blätter erschrocken flatterten.

»Wie soll ich Dad jetzt unter die Augen treten?«, murmelte sie.

Von hier oben konnte sie genau in das Atelier ihres Vaters blicken. Wobei Atelier ein bisschen hochtrabend klang für den bescheidenen Wintergarten ihres Reihenhauses. Aber ihr Vater liebte sein Atelier, weil es so schön hell war. Und, wie er gern zu sagen pflegte, Künstler brauchen Licht wie die Fische das Wasser.

Durch die Glastür sah Silver seine vertraute Gestalt vor seinen neuesten Bildern auf und ab laufen. Als sie heute Morgen zur Schule gegangen war, hatte er sie beim Umarmen über Kopf gewirbelt, was sie liebte, und ihr sogar seinen kostbarsten Pinsel geliehen. Den Pinsel mit Borsten aus Adlerfedern, den er sich auf einer Exkursion in die Mongolei gekauft hatte.

Sie betrachtete ihr Bild noch einmal mit kritischem Blick. Es war eindeutig die Interpretation eines Oktopusses. Und was machte es schon, dass der Oktopus in ihrer Interpretation keine Arme hatte?

Ihr Vater sagte immer, ein Bild müsse sich nicht auf den ersten Blick erschließen. Manchmal kam es gerade darauf an, unter die Oberfläche zu blicken, um den Schatz darunter zu entdecken. Und wenn irgendjemand es wissen musste, dann ja wohl er.

Vor Jahren, als Silver noch ein Baby war, hatte er ein Kinderbuch geschrieben und illustriert. Es hieß *Waldabenteuer* und erzählte von den Erlebnissen einer zusammengewürfelten Truppe von Tieren. Niemand hatte damit gerechnet, dass es sich gut verkaufen würde, aber irgendwie hatte das Buch eine Fangemeinde gefunden und Jack Trevelon ein kleines bisschen berühmt gemacht. Nicht sehr berühmt. Niemand bat ihn auf der Straße um ein Autogramm (bis auf Mrs Holland von nebenan, die seltsamerweise eins für ihren Dackel Harold haben wollte), aber doch so berühmt, dass man auch von Silver eine großartige künstlerische Begabung erwartete.

Die sie nicht hatte.

Sie war richtig schlecht in Kunst.

Aus alter Gewohnheit berührte sie das Herz, das sie an einer Kette um den Hals trug. Das hatten ihre Eltern ihr zum siebten Geburtstag geschenkt, damit sie nie vergaß, wie besonders sie war.

»Silber für unsere Silver!«, hatten sie im Chor gerufen.

Als Silver das Geschenk damals auspackte, erzählte ihre Mutter ihr noch mal die Geschichte. Die Geschichte, wie sie zu diesem ungewöhnlichen Namen gekommen war. Als bei ihrer Mutter damals die Wehen einsetzten, war gerade Vollmond. Ein Supervollmond. Der Mond kann unterschiedliche Farben haben – golden, orange, rötlich, sogar blutrot. Aber in jener Nacht vor ungefähr elf Jahren war er silbern.

Leider konnte Silver mit ihrem Namen gar nicht so besonders viel anfangen. Er bezeichnete etwas Wertvolles, Glänzendes. Etwas, das man bewunderte, so wie eine Krone oder ein Feuerwerk – oder Großmutters bestes Besteck. Etwas, das in ein samtenes Schmuckkästchen gehörte. Während Silver oft Zweige im Haar hatte, Schneckenrennen auf ihrem Arm veranstaltete, in den meisten Fächern schlecht stand und fast das halbe Alphabet in einem Atemzug rülpsen konnte.

Wieder betrachtete sie das Bild.

Zugegeben, es war ein bisschen formlos.

Und die drei Oktopusherzen hätte man auch für hungrige Mäuler halten können. Oder für Popos. Igitt. Sie machte sich nichts vor – ihr Vater hatte mehr Talent in seinem kleinen Finger als sie im ganzen Leib.

Silver zerknüllte das Blatt und steckte es in die Jackentasche ihrer Schuluniform, zu dem Pinsel ihres Vaters.

Oh-oh!

Ihr Mund wurde trocken. Der Pinsel. Wo war er?

Der musste ihr beim Klettern aus der Tasche gefallen sein. Sie tastete den Ast ab, schaute in versteckten Spalten und Ritzen nach, fuhr mit der Hand sogar kurz in die Eulenhöhle. Darin waren keine Eulen – nur Spinnen und Kellerasseln. Silver schauderte. Sie liebte fast alle Tiere, aber es gab Ausnahmen.

Der Pinsel war nirgends zu finden.

»Tintenklecks!«, fluchte sie, genau wie ihr Vater, wenn er sich mit Farbe bekleckerte, was häufig vorkam.

Wütend schlenkerte sie mit den Beinen. Und da entdeckte sie plötzlich etwas im Baum.

Der Pinsel!

Er steckte zwischen den Zähnen eines frechen kleinen Zweigs. Nur ein winziges Stück entfernt. Sie streckte den Arm aus …

Und fiel kopfüber vom Baum.

Zweites Kapitel

Tintenklecks!

Wie eine Akrobatin taumelte Silver durch die Äste, bevor sie weich auf einem Kissen aus Ästen und Laub weiter unten im Baum landete. Grinsend sprang sie auf das moosige Gras.

»Danke, mein Freund.«

Sie tätschelte den Baumstamm, zupfte sich ein paar Blätter aus den Haaren und hüpfte über die Trittsteine durch den Garten, wobei sie sich vorstellte, Krokodile wären hinter ihr her. Vor dem Hintereingang des Hauses blieb sie stehen.

Sie pulte den Dreck unter den Fingernägeln hervor und hielt auf der Veranda nach dem Kittel ihrer Mutter Ausschau. Ihre Mutter hängte ihn immer an denselben Haken – er war leer. Silver riss sich die Basecap vom

Kopf und zielte damit auf einen anderen Haken (voll daneben). Insgeheim war sie erleichtert, wenn auch mit schlechtem Gewissen.

Allein in der letzten Woche hatte ihre Mutter drei Mal mit ihr geschimpft – einmal, weil Silver ihre matschigen Schuhe mitten in den Flur gestellt hatte, einmal, weil sie Milch auf dem Küchentisch verschüttet hatte, als sie ihre Coco Pops aß, und einmal schließlich, weil sie unter der Dusche zu laut Musik gehört hatte. Silver gab sich wirklich die allergrößte Mühe, aber in letzter Zeit konnte sie es ihrer Mutter einfach nicht recht machen.

»Silver? Bist du das?«, rief ihr Vater.

»Ich komme!«

Nach der Eiche war das Atelier ihres Vaters ihr zweitliebster Ort, auch wenn ihr der Terpentingeruch im Hals brannte. Lauter leere Leinwände lehnten an der Wand, auf dem Holztisch standen unzählige Marmeladengläser, und alle erdenklichen Farben flogen überall herum.

Wie immer hatte ihr Vater seine khakifarbene Camouflage-Hose bis über die Knöchel hochgekrempelt, sein weißes T-Shirt war mit Farbe besprenkelt. Er begrüßte Silver mit einem Lächeln, zog den Adlerpinsel hinter ihrem Ohr hervor und wandte sich dann wieder seiner riesigen Leinwand zu. Es blieb lange still.

»Silver«, sagte er schließlich. »Würdest du für diesen Teil des Himmels Obsidian oder Aschgrau nehmen?«

Mit gerunzelter Stirn schaute sie auf das Bild.

Vor ein paar Jahren hatte ihr Vater seine Kunst in einer schicken Londoner Galerie ausgestellt. Er hatte einen Anzug getragen und darin wahnsinnig geschwitzt, und Silver war es so vorgekommen, als hätte sie für den Abend einen neuen Vater ausgeliehen – einen, der sein wahres Ich in einem Kulturbeutel verstaut hatte.

Mit dem Bild, an dem er gerade arbeitete, war es ganz ähnlich. Da gab es keine üppigen Farbtupfer, keinen Sonnenstrahl, da funkelte nichts. Die riesige Leinwand wurde von einem unheilvollen, stürmischen Himmel beherrscht, darunter ein winziges Boot, das von wütenden Wellen hin und her geworfen wurde.

Silver gefielen seine albernen Bilder viel besser. Die Comiczeichnungen von *Waldabenteuer* oder die bunten Kritzeleien, die er vorm Schlafengehen für sie machte, wenn er Geschichten über Hexen, Drachen und Einhörner auf weißes Papier zauberte. Aber so was hatte er schon lange nicht mehr für sie gemalt.

»Und?«, fragte er mit dem Pinsel zwischen den Zähnen.

Auf dem Tisch lag eine Tube mit Gold. Ein schönes, glitzerndes, schimmerndes Gold, mit dem der Himmel leuchten würde wie die kalifornische Sonne.

»Das G–«

»Ich glaube, Obsidian«, fiel er ihr ins Wort. »Ein Kristall, der aus der Lava eines abgekühlten Vulkans entstanden ist. Auch bekannt als Stein der Wahrheit. Apropos Wahrheit, was hast du auf dem Baum gemacht?«

»W-w-woher weißt du das?«

Ihr Vater antwortete nicht. Jedenfalls nicht mit Worten. Stattdessen hob er theatralisch seinen Pinsel und malte ein rigoroses X in die Luft. »Du musst mir versprechen, dass du nie mehr auf den Baum kletterst.«

Silver seufzte. »Okay, ich verspreche es.«

»Du hättest dir das Genick brechen können, und deine Mutter hat im Moment schon genug Sorgen.«

Silver wollte gerade betonen, dass sie sich aber nicht das Genick gebrochen hatte, als sie seinen Blick sah. Dieser Blick duldete keinen Widerspruch.

Ihr Vater stellte den Pinsel in ein Glas mit Terpentin, dann nahm er Silver mit zu dem alten, abgewetzten Sofa in der Ecke. Sie kuschelte sich unter seinen Arm.

Er roch nach Acrylfarbe und gleichzeitig vertraut und geborgen. Sie lehnte den Kopf an ihn.

»Und, mein Schatz, hat der Adlerpinsel Wunder gewirkt?«

Tintenklecks! Sie hatte gehofft, dass ihr Vater die Kunstprüfung vergessen hätte. Widerstrebend fasste sie in die Tasche und reichte ihm das Bild.

Ihr Vater strich es glatt. »Ein Oktopus!« Er grinste. »Und da! Da sind ja die drei Herzen, genau wie wir drei. Du, Mum und ich. Du hast bestimmt eine super Note bekommen!«

Silver hätte ihren Vater am liebsten daran erinnert, dass sie in keinem Fach je super Noten bekam, aber er sah sie so hoffnungsvoll an, dass sie bloß mit den Schultern zuckte.

»Mrs Snootle war nicht sehr beeindruckt.«

»Was weiß die alte Schnute schon?«, rief ihr Vater. So nannte er Mrs Snootle immer, und Silver musste jedes Mal kichern. »Dieser Oktopus ist großartig!«

Bevor er Silver noch weiter über ihre Malkünste ausfragen konnte, wurde sie vom Telefonklingeln gerettet. Der Apparat war so alt, dass er sogar noch eine Wählscheibe hatte. Ihr Vater glaubte nicht an »diese neumodische Technologie«.

»Da geh ich mal lieber ran.«

Während er in die Küche lief, wo das Telefon stand, ging Silver zum Arbeitstisch, um sich die goldene Farbe genauer anzusehen. Die bestand zwar nicht aus Vulkangestein, aber dafür war sie viel leuchtender.

Als wäre sie aus Sonne gemacht.

Silver nahm die Tube und schüttelte sie ein wenig. Da sah sie einen Briefumschlag, der unter der Tube gelegen hatte. Lauter Luftpost-Aufkleber waren darauf, Briefmarken von weit her und ein paar unbeholfene Spritzer sturmblauer Farbe.

Manchmal bekam Silvers Vater Fanpost von Lesern aus dem Ausland. Vielleicht war der Brief von einem Fan? Der Umschlag roch irgendwie ungewöhnlich, sie wusste nicht, wonach. Durchdringend und süßlich. Silver drehte ihn um. Auf der Rückseite war ein grüner Schildkrötenstempel.

»Niedlich«, murmelte sie.

Es war eigentlich nicht ihre Art, anderer Leute Post zu lesen, aber der Brief lugte so verlockend aus dem Umschlag hervor. Auf den oberen Rand des Blatts waren verschiedene Bäume gezeichnet. Darunter stand fett gedruckt:

Rettungsstation am Schildkrötenstrand

Dann die Anrede: »Lieber Mr Trevelon.« Da der Rest des Briefs noch im Umschlag steckte, konnte Silver nichts weiter lesen. Wahrscheinlich nur Fanpost, dachte sie. Von einem Tierfreund – vor allem Tierfreunde und -freundinnen liebten seine Bücher. Und obwohl es ihrem Vater nichts ausmachte, wenn sie seine Post las, wollte er doch den ersten Blick darauf werfen. Aber vielleicht hätte er ausnahmsweise nichts dagegen ...

»Jack! Silver!«, erklang die Stimme ihrer Mutter.

»Ich bin da!«

Vom Wintergarten aus beobachtete Silver, wie ihre Mutter in den Flur kam. Die braunen Locken trug sie wie immer zu einem straffen Dutt gebunden, ihre Schultern waren gebeugt. Sie war eindeutig erschöpft nach einem langen Tag in der Praxis. Silver wollte gerade Hallo rufen, aber da blieb ihre Mutter vor dem Familienfoto von ihnen dreien stehen, das letztes Jahr am Strand aufgenommen worden war, und berührte es mit den Fingerspitzen. Ein überraschend wehmütiger Ausdruck huschte über ihr Gesicht, so kurz, dass Silver es sich vielleicht nur eingebildet hatte.

»Tut mir leid, dass ich so spät komme!«, rief ihre Mutter und straffte den Rücken. »Kleiner Notfall in letzter Minute, ein entlaufenes Meerschweinchen ...«

»Du brauchst dich nicht zu entschuldigen.« Silvers Vater tauchte aus der Küche auf. »Ist doch klar, dass Meerschweinchen vor Ehemännern kommen.«

Sie lächelten sich an.

Dann verharrte er und lief rot an. Und dann ...

»HATSCHI!«

Sein Niesen war so laut, dass die Wände wackelten. Puterrot im Gesicht, zeigte er mit dem Pinsel anklagend auf den blassblauen Kittel seiner Frau. Sonst zog sie ihn immer an der Hintertür aus, und sie war selbst überrascht, dass sie ihn noch anhatte.

Er hielt sich die Nase zu, um einen zweiten, noch heftigeren Nieser zu stoppen. Doch der Nieser brach wie ein Vulkan aus ihm heraus.

»Du ... hast ... deinen ... Kittel ... noch ... an!«

Das war immer so ein Scherz zwischen ihnen gewesen – Kunststudent mit Tierhaarallergie verliebt sich in aufstrebende Tierärztin.

Als Silvers Vater zum dritten Mal nieste, verselbstständigten sich seine Hände und damit auch sein Pinsel. Der Pinsel schnellte hierhin und dorthin und spritzte

Obsidianfarbe in alle Richtungen – an die Wände, über den Holzfußboden und sogar an die Nasenspitze von Silvers Mutter.

Sie machte die goldbraunen Augen ganz schmal. »Jack Trevelon«, sagte sie scharf und wischte sich den Farbklecks von der Nase. »Das ist das Letzte, was ich heute gebrauchen kann. Wirklich das Allerletzte.«

Silver wurde schwer ums Herz. Früher einmal hätte ihre Mutter lachend die Augen verdreht – so wie man es bei einem frechen jungen Hund machen würde. Vielleicht hätten sie sich sogar geküsst (bah), und auch wenn das manchmal unangenehm war, wäre es Silver tausendmal lieber gewesen als die angespannte Stimmung, die jetzt bei ihnen herrschte. Es war ein Gefühl, als müsste sie die ganze Zeit auf rohen Eiern gehen.

Sie guckte auf den Brief in ihrer Hand. Die Schildkröte guckte zurück. Schuldbewusst legte Silver den Brief wieder unter die Tube mit Goldfarbe und lief schnell nach oben.

Drittes Kapitel

Das Kinderzimmer

In Silvers Welt waren Hausaufgaben nur ein verschwommener Nebengedanke. So unangenehm wie Spinnen und überreife Bananen. Aber selbst Hausaufgaben waren besser, als aus Versehen einen weiteren Streit ihrer Eltern mit anzuhören. Eigentlich sah es ihren Eltern gar nicht ähnlich, zu streiten. Wo Silver mit dem Fuß aufstampfte, führten sie lieber eine erwachsene Unterhaltung.

Ablenkung. Sie brauchte Ablenkung. Sie beendete ihr Projekt für Naturwissenschaften, sammelte ihre schmutzigen Fußballklamotten vom Boden auf und suchte im Internet kurz nach »Rettungsstation am Schildkrötenstrand«. Außer jeder Menge Schildkrötenfotos förderte die Suche jedoch nichts zutage.

Das Wenige, was Silver über Schildkröten wusste, hatte sie von Azizas großem Bruder Malik, der zwei junge Sumpfschildkröten in einem Aquarium in seinem Zimmer hielt. Aber bestimmt waren wilde Schildkröten im Ozean etwas ganz anderes.

Immer noch drangen die murmelnden Stimmen ihrer Eltern zu ihr hinauf. Selbst für ihre Verhältnisse dauerte das Gespräch sehr lange. So lange, dass es Silver merkwürdig vorkam.

Auch dass ihre Mutter aus Versehen den Arztkittel anbehalten hatte. Das passierte ihr sonst nie. Und dass sie wegen der Farbspritzer so ausgerastet war. Sonst war sie immer sehr beherrscht.

Silvers Magen knurrte laut. Es war doch bestimmt schon Teezeit? Zwar hatte sie drei Tüten Chipssticks mit Scampi-Geschmack aus ihrem Geheimvorrat gefuttert, aber sie hatte immer noch Hunger und außerdem Durst. Und unten im Kühlschrank stand eine ganze Packung Kokoswasser. Seit ihre Mutter einmal auf der Dorfkirmes eine Kokosnuss gewonnen und mit einem Hammer aufgeschlagen hatte, damit Silver den Saft probieren konnte, was das ihr Lieblingsgetränk.

Als ihr Magen erneut knurrte, musste sie etwas tun.

Sie schlich die Treppe hinunter in die Küche, nahm die Packung aus dem Kühlschrank und trank einen großen Zug. Sie war die Einzige in der Familie, die Kokoswasser mochte, es sprach also nichts dagegen, es direkt aus der Packung zu schlürfen. Mit anderen Getränken machte sie das natürlich nicht. Außer manchmal mit Orangensaft, wenn es keiner sah.

Sie rülpste ein bisschen. Dann erstarrte sie.

Die Stimme ihres Vaters drang durch die dünne Wand zwischen Küche und Wohnzimmer, und obwohl Silver für heute eigentlich genug geschnüffelt hatte, konnte sie unmöglich weghören.

»Genau deshalb hab ich ja zugesagt. Findest du nicht, dass du eine Auszeit verdient hast? Wir alle? Genau so einen Tapetenwechsel brauchen wir jetzt.«

Silver wischte sich den Kokosschnurrbart über der Lippe weg. Wovon redete er? Was für ein Tapetenwechsel?

Ihre Mutter antwortete etwas, zu leise, als dass Silver es hätte verstehen können.

»Das wird ein Abenteuer!«, sagte ihr Vater. »Ein Abenteuer für die ganze Familie.«

»Aber du hast die Einladung angenommen, ohne mit mir darüber zu sprechen!« Die Stimme ihrer Mutter ging eine Oktave nach oben. »Was ist, wenn ich nicht bereit bin, eine Auszeit zu nehmen?«

»So kann es nicht weitergehen, Gerrie.« Er nieste zweimal. Als er sich erholt hatte, senkte er die Stimme. Obwohl er in sanftem Ton sprach, klang die Traurigkeit zwischen seinen Worten hindurch. »Schon gar nicht, nachdem ... du weißt schon.«

Ihre Mutter stieß ein leises, kehliges Geräusch aus. Es klang wie ein verwundetes Tier.

Silver war der Durst vergangen. Sie stellte die Packung zurück in den Kühlschrank und schlich auf Zehenspitzen am Wohnzimmer vorbei, damit ihre Eltern sie nicht bemerkten. Ihre Mutter saß eng an ihren Vater geschmiegt. Er umarmte sie ganz fest, obwohl sie immer noch ihren Arztkittel trug und ihm stundenlang die Augen jucken würden.

Silver schluckte den Kloß im Hals herunter und schlich durch den Flur. Auf halber Treppe blieb sie neben dem Trevelon-Familienstammbaum stehen, den ihr Vater an die Wand gemalt hatte, damit sie beim Zubettgehen ihren Vorfahren Gute Nacht sagen konnten. Sie ging weiter und blieb noch einmal stehen, vor dem Kinderzimmer.

An den Wänden des Zimmers war ein Dschungel. Leuchtend smaragdgrüne Bäume, hüpfende Affen, regenbogenfarbene Papageien – sogar ein Faultier mit Schlafzimmerblick. Das Wandbild war so quicklebendig, dass Silver sich manchmal wünschte, sie könnte hier schlafen. Aber es war nicht ihr Zimmer. Ihre Eltern hatten es vor über fünf Jahren gestaltet, als sie ein neues Baby erwarteten. Erst hatte sich Silver gar nicht so sehr darüber gefreut, dass noch jemand bei ihnen wohnen sollte. Schon gar nicht jemand, der nach dreckigen Windeln roch und immerzu weinte. Aber nach und nach gewöhnte sie sich an die Vorstellung. So wie Aziza ihren kleinen Bruder knuddelte, stellte Silver sich vor, ihr winziges Geschwisterchen in den Armen zu halten, in seine babyblauen Augen zu schauen und seine kleinen Finger um den Daumen zu spüren. Und wenn er oder sie älter wurde, konnte sie ihm beibringen, wie man am besten auf Bäume kletterte (indem man nicht so sehr an den Wipfel dachte), und Elfmeterschüsse mit ihm üben. Natürlich musste ihr Bruder oder ihre Schwester ins Tor.

Es gab nur ein Problem: Das erwartete Geschwisterchen kam nie.

Ihre Eltern versuchten es ihr zu erklären, so gut es

ging. Wie man Babys machte. (Bah!) Weshalb es für manche Paare, obwohl sie sich mehr als alles auf der Welt ein Baby wünschten, so schwierig war, eins zu bekommen. Und wie künstliche Befruchtung, IVF, funktionierte – was anscheinend bedeutete, dass man ein Baby in Reagenzgläsern und Petrischalen machte, wie bei einem Experiment im Chemieunterricht.

Manches andere war nicht so leicht zu erklären, zum Beispiel die Veränderung, die mit ihrer Mutter vor sich ging. Silver wusste noch genau, wann es angefangen hatte: als die erste IVF-Runde scheiterte.

Ihre Mutter war immer stark gewesen. Das musste sie auch sein, um gegen all das Traurige anzugehen, das sie Tag für Tag in ihrer Tierarztpraxis sah. Es war eine spezielle Art von Stärke – als würde sie sich mit einem Panzer umgeben, damit alles Schlimme von ihr abprallte. Doch als die Jahre vergingen und sich im Kinderzimmer Spinnweben bildeten, bekam der Panzer Risse. Manche so tief, dass Silver hindurchschauen und eine Mutter sehen konnte, die sie bis dahin gar nicht gekannt hatte. Es war, als sähe man eine Schnecke ohne ihr Haus. Klein und schutzlos.

Gleichzeitig beschloss ihr Vater, keine Kinderbücher mehr zu illustrieren, als ob ihn das zu sehr daran erinnern würde. An das, was er nicht hatte. Und mit der Zeit wurde es im Haus der Trevelons, das einmal voller Freude, Farben und Lachen gewesen war, still und trüb und grau.

Viertes Kapitel

Eine Entscheidung

Als Silver am nächsten Tag von der Schule nach Hause kam, merkte sie sofort, dass irgendwas los war. Erstens fühlte sich das Haus komisch an – so wie vor einem Gewitter. Zweitens saßen ihre Eltern am Esszimmertisch. Ein dunkler Mahagonitisch, der nur für das Weihnachtsessen und wichtige Gespräche benutzt wurde.

»Silver!«, rief ihr Vater. »Kommst du mal bitte her?«

Silver hätte sich viel lieber in den Garten verzogen, es sich am Stamm der Eiche gemütlich gemacht und die Fruchtgummischnüre gegessen, die sie auf dem Heimweg gekauft hatte. Aber das kam jetzt leider nicht infrage. Also knöpfte sie ihre Uniformjacke zu, um einen Ketchupfleck zu verstecken, und machte ein paar zaghafte Schritte ins Esszimmer.

Sie hatte noch nie ein Vorstellungsgespräch erlebt, aber sie hatte im Fernsehen schon genügend gesehen, um zu wissen, wie das ablief. Genau so kam ihr das hier vor. Ihre Eltern saßen mit angestrengter Miene auf der einen Seite des Tischs. Vor ihnen lag der Briefumschlag. Ihre Mutter strich mit den Fingern gedankenverloren über die grüne Schildkröte.

Silver nahm sich einen Stuhl gegenüber von den beiden, hockte sich auf die Kante und nagte am Daumennagel.

Ihr Vater räusperte sich. Räusperte sich noch mal. Sie hätte ihm gern eine Fruchtgummischnur angeboten, war sich aber ziemlich sicher, dass das in dieser Situation nichts genützt hätte.

»Du weißt ja, dass Mum und ich eine schwere Zeit hinter uns haben, oder?«

Silver nickte vorsichtig.

»Wir haben uns immer bemüht, ehrlich zu dir zu sein«, fuhr ihr Vater fort. »Wie du weißt, wollten wir längst einen kleinen Bruder oder eine Schwester für dich haben, aber ... es ist nicht so gekommen, wie wir es uns gewünscht haben. Die Ärzte sagen ...«

Er knöpfte seinen Hemdkragen auf und schluckte.

»Die Ärzte sagen, dass es vielleicht nie mehr klappt.«

Es war das erste Mal seit Jahren, dass ihre Eltern offen über ihre Probleme sprachen. Natürlich wusste Silver, was los war. Es war nicht zu übersehen. Als Azizas Mutter letzten Monat den kleinen Asif rüberbrachte, hatte ihre Mutter ihn eine Ewigkeit im Arm gehalten, so lange, dass es Silver schon unangenehm war.

»Aber warum nicht?«, fragte sie. »Azizas Mutter hat Asif mit zweiundvierzig bekommen, also ... also kann man auch noch Kinder kriegen, wenn man ... wenn man über vierzig ist.« Fast hätte sie »alt« gesagt, aber sie besann sich gerade noch rechtzeitig.

»Sie wissen es nicht«, sagte ihre Mutter.

»Wieso nicht?«, rief Silver. »Es sind doch Ärzte! Wenn man dir ein krankes Tier bringt, weißt du auch immer genau, was zu tun ist.«

»Nicht immer«, sagte ihre Mutter und fummelte an dem Stethoskop herum, das sie um den Hals trug. Sie hatte die Angewohnheit, es auch außerhalb der Arbeit zu tragen, sogar beim Einkaufen. »Manchmal findet man auch mit all dem medizinischen Wissen, das man hat, keine Antwort. Jedenfalls keine hilfreiche.«

»Tatsache ist«, sagte ihr Vater und drückte die Hand ihrer Mutter, »dass die Behandlung nicht leicht ist.

Schwanger zu werden ist für manche Paare sehr schwer, manchmal sogar, wenn sie schon Kinder haben.«

»Dann ist es ja ein Glück, dass ihr mich habt!« Silver gab sich große Mühe, zuversichtlich zu klingen.

Ihr Vater lächelte sie zerstreut an. Dann nahm er den Brief und schwenkte ihn. »Neulich habe ich aus heiterem Himmel sehr interessante Post von jemandem bekommen, der ganz begeistert von *Waldabenteuer* ist.«

Aha! Es war also tatsächlich Fanpost. Silver zog die Augenbrauen hoch und hoffte, überrascht auszusehen.

»Und zwar«, fuhr er mit einem Seitenblick zu Silvers Mutter fort, »bin ich in eine Rettungsstation für Schildkröten eingeladen, um dort einige Tiere zu zeichnen. Anscheinend wollen sie mit den Mitteln der Kunst auf die Tiere aufmerksam machen, um die sie sich kümmern. Das ist Teil eines größeren Spendenprojekts.«

»Echt?«, sagte Silver. Mit so etwas hatte sie nicht gerechnet. »Und wie soll das ablaufen?«

»Es würde bedeuten, dass wir alle eine kleine Auszeit nehmen«, sagte er. »Wir drei. Damit wir gemeinsam zur Rettungsstation am Schildkrötenstrand reisen können.«

»Es ist mehr als eine kleine Auszeit, Jack.« Ihre Mutter sah sie an. »Du musst dafür eine Weile vom Unterricht befreit werden, aber keine Sorge. Wir haben schon die Zustimmung deiner Schule eingeholt.«

Silver wollte etwas sagen, aber sie brachte nur ein Piepsen heraus. Unter normalen Umständen war es etwas Gutes, nicht zur Schule zu müssen. Aber das hier waren keine normalen Umstände.

»Für wie lange?«

Jetzt musste ihre Mutter sich räuspern. »Vier Monate.«

»VIER MONATE?« Silver starrte sie an.

»Ich war auch erst nicht so begeistert«, gab ihre Mutter zu und umfasste das Stethoskop ganz fest.

»Wir würden solch eine wichtige Entscheidung nicht treffen, wenn wir nicht sicher wären, dass du auch davon profitierst. Stell dir vor, Silver!« Die Augen ihres Vaters leuchteten, als stünde er mit dem Pinsel in der Hand vor einer weißen Leinwand. »Du bekommst Schildkröten in der freien Natur zu sehen, an einem der schönsten Flecken der Erde!«

»Und wo … wo ist das?«

Ihr Vater langte hinter sich auf die Anrichte, holte den Globus herüber, den er mit zwölf bei einem Kunstwettbewerb gewonnen hatte, und ließ ihn mit großem

Tamtam kreisen. Während sie alle drei die sich drehende Erde betrachteten, schien die Zeit langsamer zu vergehen. Schließlich blieb der Globus stehen.

»Hier«, verkündete ihr Vater.

Silver konnte nichts erkennen, weil sein Finger im Weg war. Als er ihn hochhob, sah sie einen dünnen Streifen Land, der die beiden Hälften von Amerika, den Norden und den Süden, wie eine Brücke miteinander verband. Ihr Vater zeigte auf einen winzigen Fleck im dritten Viertel des Streifens.

»Der Schildkrötenstrand«, sagte er, »liegt in Costa Rica.«

Fünftes Kapitel

Im Flugzeug

Danach ging bei den Trevelons alles ganz flott. Schneller, als der Mond einmal um die Erde braucht, waren Silver und ihre Eltern schon irgendwo über dem Atlantik, elftausend Meter hoch in der Luft.

Silver rutschte unbehaglich auf ihrem Sitz herum. Es war der längste Flug ihres Lebens. Ihr Vater war in seiner Jugend viel gereist (oftmals zu entlegenen Orten, um irgendwas für seine Kunst zu beschaffen), aber heutzutage gingen ihre Eltern lieber wandern oder zelten. Letztes Jahr hatten sie zu dritt den Cairngorms National Park in Schottland besucht, damit Silver Rentiere sehen konnte. Sie war sogar Schlitten gefahren und hatte gekreischt, was ihre eisige Lunge hergab.

Ihr Vater hatte gesagt, sie hätten immer versucht,

ehrlich zu ihr zu sein. Das stimmte – früher einmal. Sie hatten Silver immer in Familienentscheidungen einbezogen und sie gefragt, was sie von einer Idee hielt. Aber in den letzten Monaten hatten ihre Eltern sie nicht mehr nach ihrer Meinung gefragt, und Silver hatte sich ein bisschen wie eine Außenseiterin in ihrer eigenen Familie gefühlt.

Und jetzt das.

Hätte man sie gefragt (aber das hatte man nicht), ob sie ein Vierteljahr in irgendeiner abgelegenen Rettungsstation für Schildkröten auf der anderen Seite der Erde verbringen wollte, hätte sie sofort Nein gesagt. Es war eine zu große Veränderung, und es kam zu plötzlich.

Neben ihr prustete ihr Vater los.

»Hört euch das an!«, sagte er und tippte mit seinem gelben Textmarker auf den Reiseführer von Costa Rica auf seinem Schoß. »Hier steht, dass die Costa Ricaner mehr als ein Dutzend Wörter haben, um Regen zu beschreiben.«

»Schön«, sagte Silver und kreuzte die Finger. Sie mochte keinen Regen, schon gar nicht zwölf verschiedene Arten davon.

Ihr Vater las weiter und prustete wieder los. Den ganzen Flug gab er schon Wissenswertes aus dem Reiseführer zum Besten, und so hatte Silver, ob sie wollte oder nicht, Folgendes gelernt:

1. Costa Rica bedeutet »reiche Küste«.
2. Die Landessprache ist Spanisch. (Silver musste unbedingt ihre Spanischkenntnisse aufbessern – sie kannte nur eine Handvoll Wörter.)
3. Obwohl Costa Rica ein kleines Land ist, bietet es mehr als 500.000 Tierarten und über 900 Vogelarten eine Heimat. Damit ist es eine der Regionen mit der größten Biodiversität der Erde.
4. Und der Lieblingsfact ihres Vaters: Costa Rica ist der zweitgrößte Bananenexporteur der Welt.

Der Schildkrötenstrand lag am Rand eines Regenwaldes (deshalb also die Bäume im Briefkopf), und Silvers Vater hatte auf einer Serviette Skizzen der wilden Tiere gezeichnet, die sie dort möglicherweise zu sehen bekämen. Schildkröten natürlich, aber auch Affen, knallgrüne Frösche, zwei verschiedene Arten von Faultieren und viele bunte Sittiche, Papageien und Tukane. Silver fand, dass die Skizzen auf der Serviette auffallend an das Kinderzimmer zu Hause erinnerten, aber das sagte sie lieber nicht.

»Es wird dir richtig gut gefallen, Silver. Da bin ich mir ganz sicher.«

Er gab sich ein bisschen zu große Mühe, ihr die Reise schmackhaft zu machen. Wollte er wirklich Silver überzeugen oder doch eher sich selbst? Außerdem waren Reiseführer ja schön und gut, aber darin kamen nur die bloßen Fakten vor. Das Eigentliche blieb unerwähnt. Das wäre so, als würde man sagen, dass die Eiche in ihrem Garten dreißig Meter hoch sei. Dann wusste man das, aber man hatte keine Ahnung davon, wie es war, in ihren Ästen zu sitzen und den wispernden Wind im Gesicht zu spüren. Und auch nicht, dass Silver manchmal, wenn sie ein Ohr an den Stamm legte, hätte schwören können, dass der Baum zu ihr sprach.

»Ehrlich gesagt ...«, setzte sie an, dann verstummte sie.

Ihr Vater steckte schon wieder mit der Nase in seinem Reiseführer, und ihre Mutter schlief tief und fest. Während das Flugzeug durch den Himmel glitt, schaute Silver verstohlen zu ihr hinüber. Sie hatte den Reißverschluss ihrer roten Lieblingsfleecejacke bis zum Kinn zugezogen, und auf ihrer Stirn stand eine steile Falte, als wären sogar ihre Träume sorgenvoll.

Im letzten Monat war sie nonstop im Organisationsmodus gewesen. Sie hatte Kleidung für das tropische Klima gekauft, Flüge gebucht, sich über die wichtigen Impfungen informiert und ihr Haus für die vierköpfige Familie umgeräumt, die dort in den vier Monaten zur Miete wohnen würde.

Wie mit allem, was sie tat, hatte sie sich mit der beharrlichen Energie einer Dampflok in das Projekt gestürzt. Das war eine ihrer besten Eigenschaften. Wo andere längst aufgegeben hätten, fand Dr. med. vet. Gerrie Trevelon (aka absolute Supertierärztin) immer noch eine Lösung.

Silver dachte wieder über das nach, was ihr Vater vor der Abreise gesagt hatte. Dass es für ihre Mutter gut wäre, einmal rauszukommen. Nicht nur gut. Lebenswichtig. So hatte er es ausgedrückt. Als wäre diese Reise eine Sauerstoffmaske, die ihre Mutter aufsetzen musste. Deshalb hatte Silver nicht über ihre eigenen Sorgen gesprochen. Wenn es in Costa Rica nun Tausende von Krabbeltieren gab? Außerdem würde sie das Fußballturnier in der Schule verpassen. Und sie hatte ein bisschen Angst davor, dass Aziza, wenn sie so lange weg war, eine neue beste Freundin finden könnte. Beim Gedanken an ihren tränenreichen Abschied musste sie schlucken.

Na ja. Jetzt war es sowieso zu spät. Jetzt saßen sie hier und flogen geradewegs in ein neues Leben.

Silver drückte die Nase an die Scheibe. Da draußen gab es nichts, nur den indigoblauen Himmel an der Schwelle zum Morgengrauen. Am Horizont schimmerte hell der volle Mond. Der Mond, der ihre Eltern daran erinnern müsste wie besonders sie war.

In ihren geheimsten Gedanken – die sie nicht einmal mit Aziza teilte – fragte Silver sich manchmal, wieso ihre Eltern überhaupt noch ein Kind haben wollten. Zumal dieses Wollen sie beide so unglücklich machte. Warum sehnten sie sich so sehr nach einem zweiten Kind? War es, weil …? Nein. Daran konnte sie nicht denken. Nicht jetzt.

Silver setzte ihre Kopfhörer auf und schaltete einen Film ein, der im Flugzeug angeboten wurde. Es war egal, welcher Film lief. Hauptsache, sie hatte eine Ablenkung von dem, was vor ihr lag.

Tausendundein Lichtjahr später (so kam es ihr vor) verkündete der Pilot, dass sie sich über Costa Rica befanden und bald landen würden.

»Gott sei Dank«, sagte Silvers Mutter, die gerade aufgewacht war, und reckte sich. Sie war kein Fan davon, stundenlang in einem Mittelsitz eingeklemmt zu sein.

Silver schob die Fensterblende hoch und blinzelte in das grelle Licht. Da neigte sich das Flugzeug, und ihr Vater schnappte nach Luft.

»A-aber ... aber ...« Der dichte Regenwald unter ihnen verschlug ihm die Sprache. »Ein Teppich aus Bäumen«, murmelte er und schwenkte einen unsichtbaren Pinsel durch die Luft. »Der schönste Teppich, den die Welt für uns gewebt hat.«

Auch wenn ihr Vater gern übertrieb, musste Silver ihm recht geben. Soweit das Auge blicken konnte, war dort unten ein unendlicher Dschungel. Wogendes, tanzendes Grün. Und nicht einfach nur Grün, sondern Smaragdgrün, Jadegrün, Petrol und Limettengrün. Alle erdenklichen Grüntöne auf einer riesigen faszinierenden Fläche. Selbst Silvers Mutter lächelte.

Wieder schaute Silver aus dem Fenster. Auch wenn sie eigentlich nicht nach Costa Rica wollte, machte ihr Herz einen kleinen treulosen Hüpfer. Denn wenn es irgendetwas gab, was sie glücklich machte, dann waren es Bäume.

Und davon gab es hier wirklich jede Menge.

Sechstes Kapitel

Krokodile und Vulkane

Da es schon spät am Nachmittag war und der Schildkrötenstrand auf der anderen Seite des Landes lag, hatte ihr Vater für sie ein Hotelzimmer in San José gebucht, der Hauptstadt von Costa Rica.

»Bevor wir uns in den Regenwald aufmachen, können wir uns ja noch mal ein bisschen Luxus gönnen«, sagte er, als sie von Bord gingen.

Silver versuchte sich durch diesen Satz nicht beunruhigen zu lassen. Bis jetzt war sie so mit dem Abschied von zu Hause beschäftigt gewesen, dass sie noch gar nicht groß darüber nachgedacht hatte, wo sie am Schildkrötenstrand wohnen würden. Sie erwartete bestimmt kein Fünf-Sterne-Paradies, aber sie fand es ein bisschen beängstigend, dass der Ort so abgelegen war.

»Da gibt's natürlich auch die eine oder andere Spinne«, fügte ihr Vater hinzu. »Aber hoffentlich keine, die Menschen fressen.« Er lachte auf diese gezwungene Art wie schon die ganzen letzten Wochen, seit die Reise beschlossen worden war.

Silvers Mutter wirkte unbeeindruckt. Sie mochte Spinnen. Silver nicht. Erst recht nicht, seit ihr Vater ihr erzählt hatte, dass es in Costa Rica die Brasilianische Wanderspinne gab, eine spezielle Bananenspinne und zufälligerweise die giftigste Spinne der Welt.

»Ich dachte mir, wir könnten erst mal eine kleine Sightseeing-Tour machen. Es gibt einen Bus zum Hotel, der mitten durch die Stadt fährt«, sagte Silvers Vater auf dem Weg zum Ausgang.

Doch kaum hatten sie das klimatisierte Flughafengebäude verlassen, schlug ihnen das feuchte Klima des Landes ins Gesicht. Eine schwüle, klebrige Hitze. In kürzester Zeit war Silvers Haut mit Schweiß bedeckt, das Fußballtrikot klebte ihr am Rücken, und ihre Haare hingen in Strähnen herunter.

Taxis hupten, Autos stießen schmutzige Abgase aus, und von überallher drang die fremde Sprache an ihre Ohren. Unwillkürlich wich sie zum Ausgang zurück.

»Sollen wir mal gucken, wann die Busse fahren?« Ihr

Vater nahm die Koffer und steuerte eine lange Reihe von Bushaltestellen an. Silvers Mutter fasste ihn am Arm und hielt ihn zurück.

»Vielleicht kann die Sightseeing-Tour auch erst mal warten?« Sie zog eine Augenbraue hoch.

Silvers Vater wollte widersprechen, aber da sah er Silver müde auf den Beinen schwanken.

»Okay, dann ein Taxi zum Hotel.«

»Zeit, aufzustehen!« Silvers Vater sprang am nächsten Morgen aus dem Bett.

Silver rieb sich die Augen. Als er die Vorhänge zur Seite zog, strahlte die Sonne in ihr Familienzimmer. Und zwar nicht so wie die blasse, trübe Sonne zu Hause. Das hier war die tropische Sonne, so intensiv wie der Geschmack von Ananas auf der Zunge.

»Wie spät ist es?«

»Sechs Uhr früh«, sagte ihr Vater und packte seinen Koffer.

Zu Hause änderten sich Sonnenaufgang und Sonnenuntergang mit den Jahreszeiten. Hier waren sie nah am Äquator, weshalb die Sonne jeden Tag fast zur gleichen Zeit auf- und wieder unterging.

»Was war noch mal der Grund, weshalb du das Angebot der Rettungsstation, uns hier abzuholen, nicht annehmen wolltest?«, fragte Silvers Mutter mürrisch. Im Gegensatz zu Silvers Vater war sie kein Morgenmensch.

»Weil es ein Abenteuer ist, auf eigene Faust zu reisen!« Er warf ihr die Autoschlüssel zu. »Und ich weiß ja, wie ungern du Beifahrerin bist.«

Nach drei Tassen Kaffee für Silvers Mutter, ein paar Spiegeleiern für Silvers Vater und einem Stapel Pfannkuchen mit Schokocreme für Silver luden sie das Gepäck in den Mietwagen und fuhren los. Obwohl Silver müde war, spürte sie ein Kribbeln im Bauch. Sie konnte sich nicht erinnern, wann sie zuletzt zu dritt mit dem Auto unterwegs gewesen waren. Allerdings merkten sie schon bald, dass es nicht so lustig war, aus einer hektischen fremden Stadt herauszufinden.

Hier war alles so anders. Die riesigen spanischsprachigen Reklametafeln, die Motorräder, die sich durch den Verkehr fädelten, der Asphalt, der von der Hitze dampfte, und das mitten im Februar. Am Straßenrand gab es Essensstände, und sie kamen an mehreren Märkten vorbei. Die Verkaufswagen quollen über von Kisten voller Ananas, Mangos, Guaven und anderen tropischen Früchten, die Silver bisher nur aus dem oberen Supermarktregal kannte.

Ein paar ungeplante Umwege später, die vor allem Silvers Vater und seinen zweifelhaften Fähigkeiten im Kartenlesen zu verdanken waren, ließen sie das Getümmel von San José hinter sich. Silver seufzte erleichtert, als die Landschaft grün wurde.

»Costa Rica hat zwei Küsten«, las ihr Vater vor, während ihre Mutter die üppig von Bäumen gesäumten Serpentinenstraßen entlangfuhr. »Die pazifische und die karibische Küste. An beiden Küsten legen Schildkröten ihre Eier ab. Wir steuern die karibische Küste an. Costa Rica ist ja klein, wir brauchen nur ungefähr drei Stunden.«

Obwohl die Klimaanlage lief, machte Silver ihr Fenster einen kleinen Spalt auf. Es war einfach zu faszinierend da draußen. Anders als im Winter zu Hause trugen die Bäume hier ihr volles Laub. Trotzdem konnte man nicht sagen, sie wären im Sommer gekommen. Denn auch das war in diesem Teil der Welt anders – es gab keine Jahreszeiten, nur eine Trockenzeit und eine Regenzeit. Zum Glück war jetzt die Trockenzeit.

Etwa nach der Hälfte der Fahrt zeigte Silvers Vater auf ein sehr großes, kegelförmiges Gebilde, das aus dem Boden ragte. Rauch quoll aus seinem Schlund.

»Ist das ein Vulkan?« Silver stieß einen leisen Pfiff aus. Von ihrem Vater wusste sie schon, dass es in Costa Rica mehr als hundert Vulkane gab.

»Sogar ein aktiver«, antwortete er. »An seinem Fuß gibt es heiße Quellen, in denen du baden kannst, wenn du willst.«

»Bah«, sagte Silver, denn sie badete überhaupt nicht gern.

Sie überquerten sogar einen Süßwasserfluss, in dem sich eine Gruppe Kaimane sonnte. Silver reckte den Hals, um sie durch die Scheibe zu sehen.

»Echte Krokodile!«

Hinter den Bergen veränderte sich die Landschaft erneut. Sie fuhren durch reihenweise Felder mit Bananenstauden. Schnell machte Silver das Fenster zu.

»Dad?«

»Hmmm, Silver?«

»Bananenspinnen können doch nicht fliegen, oder?«

Schließlich ließen sie die Plantagen hinter sich und waren wieder in der Wildnis.

»Gleich haben wir es geschafft!«, sagte ihr Vater.

Nach ein paar weiteren Minuten verengte sich die Straße und führte durch ein kleines Dorf mit einer Handvoll Läden und Cafés links und rechts. Händler verkauften Tüten mit Mangoscheiben, hier und da stolzierte ein Hahn über den Weg. War das rot-blaue Gebäude dort eine Schule? Tatsächlich, Silver erkannte das Wort *escuela*. Sie war nicht so groß wie ihre Schule zu Hause, aber sie sah einladend aus. Neben der Schule wies ein Holzschild mit wasserblauen Wellen den Weg zum Strand.

Silvers Mutter parkte den Wagen neben einem Stand, an dem grüne Kokosnüsse mit Papierstrohhalmen darin angeboten wurden.

»Kokosnüsse!«, schrie Silver, dann bremste sie sich, um das Trommelfell ihrer Eltern zu schonen. »Kann ich eine haben, bitte, bitte?«

Der Saft war kein Vergleich zu dem aus der Tüte zu Hause. Dieser hier erwachte auf ihrer Zunge zum Leben. All ihre Geschmacksknospen tanzten. Als sie die Kokosnuss vor das Gesicht hielt, bekam sie ein bisschen in die Nase.

»Señor Trevelon?«, sagte jemand.

»Ah!« Silvers Vater fuhr herum. »Sie sind bestimmt Mr Garcia Flores? Ana hat gesagt, dass Sie uns abholen.«

»Nennen Sie mich doch bitte José.«

Silvers Vater schüttelte José kräftig die Hand. José

war etwa im selben Alter, hatte braune, grau melierte Haare und freundliche braune Augen.

»Ich freue mich so, Sie kennenzulernen, Señor Trevelon«, sagte José. »Ich bin ein großer Fan Ihrer Arbeit. Wir sind sehr froh, dass Sie kommen konnten.« Silvers Vater strahlte – wie immer, wenn jemand von seiner Kunst begeistert war. »José ist der Leiter der Rettungsstation. Ihm haben wir diese großzügige Einladung zu verdanken. Und bitte sag einfach Jack. Das sind meine Frau Gerrie und unsere Tochter Silver.«

»¡Bienvenido! Herzlich willkommen in Costa Rica!«, sagte José, und sein Lächeln wurde noch breiter. »Ich hoffe, ihr werdet euch alle bei uns wohlfühlen.«

José hatte die Eigenart der meisten Erwachsenen, beim Sprechen allen in die Augen zu sehen. Bei manchen Leuten (wie Mrs Snootle) war das ein bisschen beängstigend, aber bei ihm wirkte es richtig nett. Silver mochte ihn auf Anhieb. Und das nicht nur, weil er ihr noch eine Kokosnuss spendierte. Als sie den Saft ausgeschlürft hatte, führte er sie und ihre Eltern zu einem Geländewagen, der schon bessere Tage gesehen hatte. Nach dem klimatisierten Mietwagen war es ein kleiner Schock. Im Wagen roch es nach nassem Fell, und Silvers Vater musste sofort niesen.

»Entschuldigung«, stieß er hervor und nieste wieder. José lachte. So ein herzhaftes Lachen aus dem Bauch heraus, wie Silver es am liebsten mochte. »*Pura vida.*« »*Pura vida*«, murmelte Silvers Vater. »Ja! Davon hab ich in dem Reiseführer gelesen. Das ist eine Redensart in Costa Rica. Es heißt so viel wie ›das reine Leben‹.« »Keine Hektik, kein Stress.« José zuckte die Schultern. »*Pura vida* heißt ... dankbar sein für das, was wir haben.«

Er drehte den Zündschlüssel herum, und der Wagen gab ein lautes Rumoren von sich, das ein bisschen so klang wie ein Pups. Und damit begann der letzte Abschnitt ihrer Reise zum Schildkrötenstrand.

Siebtes Kapitel

Der Regenwald

Die Rettungsstation lag etwa zwanzig Minuten vom Dorf entfernt. Nur ein unbefestigter holpriger Weg, der parallel zum Ozean und mitten durch den Regenwald verlief, führte dorthin. Die Fenster des Geländewagens waren weit geöffnet, und die lebendigen Geräusche des Dschungels drangen ins Fahrzeug.

Sie hörten Wasser auf Laub tröpfeln und Insekten zirpen, aber auch andere Klänge, die Silver völlig unbekannt waren. Ein Heulen und Kreischen, Krächzen und Tirilieren – sogar gelegentliches Knurren und Brüllen. Je tiefer sie in den Wald eindrangen, desto lauter wurde es.

Silver wurde schwindelig. Es war ein Gefühl wie auf Azizas Geburtstag, als sie so viele bitzelnde Colabonbons gegessen hatte, dass ihr Gehirn explodiert war. Natürlich nicht wirklich. Jetzt war es genauso, diese Lawine aus Klängen, Farben, Düften – als würden ihre Sinne einer nach dem anderen platzen.

Immer tiefer fädelten sie sich hinein, die Bäume als Dach über ihnen, durch das nur einzelne Sonnenstrahlen fielen. Das Dorf mit seinen paar Läden erschien Silver in der Erinnerung schon bald wie eine ferne Metropole. Und dann fuhr der Wagen noch tiefer hinein, so tief, dass kein Licht mehr zu ihnen drang.

»Wusstest du«, flüsterte ihr Vater, »dass die Bäume im Regenwald teilweise so dicht stehen, dass es bis zu zehn Minuten dauert, bis der Regen auf den Boden trifft?«

»Hier möchte man sich jedenfalls nicht verirren«, sagte Silvers Mutter. Und obwohl sie der mutigste Mensch war, den Silver kannte (einmal musste sie einen sehr wütenden Bullen betäuben), flackerte ihr Blick unsicher, als die Bäume sich von beiden Seiten herandrängten wie grimmige Wachen.

»Nein. Vor allem wegen der Jaguare.« José schaltete das Scheinwerferlicht ein.

»Hier gibt es Jaguare?« Silver wurde es etwas mulmig. Sie schaute aus dem Fenster, halb in der Erwartung, zwei bedrohliche gelbe Augen zwischen den Blättern zu entdecken.

»Ist aber sehr unwahrscheinlich, dass du einen zu Gesicht bekommst«, sagte ihr Vater. »Es sei denn natürlich, du marschierst in den Dschungel. Was ich dir auf keinen Fall empfehlen würde.«

»Stimmt. Allein im Dschungel verirrst du dich und stirbst wahrscheinlich«, fügte José hinzu. Nicht gerade beruhigend.

Silver schluckte. Sie hatten den Regenwald in der Schule durchgenommen. Aber durch sein wahres lebendiges Herz zu fahren, war etwas ganz anderes. In der Schule lernte man nicht, dass durch den Dschungel eine fast elektrische Energie strömte, von der sich die Haare an den Armen aufstellten.

José schien das jedoch unberührt zu lassen. Er wirkte völlig entspannt. Die Geräusche waren für ihn wahrscheinlich so normal wie für Silver das Kläffen von Mrs Hollands Dackel. Während José fuhr, plauderte er weiter über die Kunst ihres Vaters und erzählte, dass die Rettungsstation, wie die meisten Tierschutzeinrichtungen weltweit, hauptsächlich von Spenden getragen wurde.

»Die Zeiten sind nicht so gut«, gestand er.

Der Plan war, die Bilder von Silvers Vater als Drucke, Postkarten, sogar auf T-Shirts möglichst großflächig zu vertreiben. Neben Patenschaften für Schildkröten war das eines der Projekte, mit denen die Rettungsstation versuchte, Spenden zu sammeln und auf die Misere der Schildkröten aufmerksam zu machen.

»Die Tiere können nicht für sich selbst sprechen«, sagte José. »Aber wir glauben, deine Kunst kann für sie sprechen, *no*?«

»Ich werde mein Bestes geben.« Silvers Vater knabberte an seinem Pinsel, wie immer, wenn er nervös war.

»Oscar freut sich auch sehr, dass ihr kommt«, sagte José. »Er ist ein großer Fan von *Waldabenteuer*. Das haben wir immer vorm Einschlafen gelesen, bevor … bevor wir aus Vancouver wieder hierhergezogen sind. Das Buch ist ein Grund dafür, dass er mit Tieren arbeiten möchte.«

»Oscar ist dein Sohn?«, fragte Silvers Vater.

»*Sí*. Mein Ältester. Ich habe noch einen zweiten. In deinem Alter.« José schaute Silver im Rückspiegel an. »Die zwei können viel besser Englisch als ich.«

»Siehst du!«, rief ihre Mutter eine Spur zu fröhlich. »Ich hab dir ja gesagt, du findest bestimmt Freunde!«

Silver biss sich auf die Zunge. Ihre Eltern taten so, als

wäre alles ganz normal. Ernsthaft? Sie befanden sich mitten im Dschungel mit Menschen fressenden Jaguaren und Spinnen, so groß wie ihr Kopf. Warum sollte irgendwer, der hier lebte, sich mit ihr anfreunden wollen? Sie war schweißgebadet, stank schlimmer als ein Gorillagehege im Zoo, und ihre Haare kräuselten sich dermaßen, dass sie sich nicht mal von ihrer Basecap bändigen ließen.

»Und ihr?«, fragte José. »Ihr habt nur ein Kind?«

Ihre Mutter verstummte, wie immer, wenn diese Frage aufkam. Silvers Vater wechselte schnell das Thema und erkundigte sich nach der Rettungsstation.

José erklärte, sie sei vor über dreißig Jahren von einer Costa Ricanerin namens Ana errichtet worden. Alles hatte mit einer jungen Unechten Karettschildkröte angefangen, die Ana am Strand gefunden hatte. Die Schildkröte hatte den Bauch voller Plastiktüten – die hatte sie mit Quallen verwechselt, eines ihrer Hauptnahrungsmittel. Nach einer geglückten Operation konnte das Tier wieder in den Ozean entlassen werden. Ana machte weiter, sie half seither Tausenden von Schildkröten, die zu Schaden gekommen waren. Heute gab es in der Rettungsstation zwei tierärztliche Vollzeitstellen, mehrere weitere Angestellte und eine

Handvoll Freiwillige, die für eine begrenzte Zeit aus allen Gegenden der Welt kamen.

»Es ist Anas Lebenswerk. Ihre Leidenschaft«, sagte José. »Die Einheimischen nennen sie *la madre de las tortugas*. Schildkrötenmutter.«

»Arbeitet Ana immer noch in der Rettungsstation?«, fragte Silvers Vater.

José brach in schallendes Gelächter aus. So laut und heftig, dass ihm ein kleines bisschen Schnodder aus der Nase flog. »*Sí*. Ihr werdet bald sehen, dass Ana der Boss ist. Aber wir haben auch ein gutes Team. Es gibt … viele Herausforderungen, vor allem jetzt, wo die Schildkröten ihre Eier ablegen.«

Es blieb keine Zeit, darüber nachzudenken, was für Herausforderungen das sein mochten. Denn plötzlich öffnete sich der Regenwald, und José fuhr auf eine natürliche Lichtung mit Bäumen rundherum. Es sah so aus, als wäre die Rettungsstation direkt aus dem Dschungel gewachsen. Sie sahen ein niedriges pistaziengrünes Gebäude mit seitlichem Anbau und auf dem Gelände verstreut eine Handvoll Nebengebäude aus Holz.

»Herzlich willkommen in der Rettungsstation am Schildkrötenstrand«, sagte José. Im selben Moment machte der farbenprächtigste Vogel, den Silver je gesehen hatte, einen Sturzflug über die Lichtung, flog geradewegs durch das geöffnete Wagenfenster und landete laut kreischend auf Josés Schulter.

Achtes Kapitel

Die Führung

»Sag Hallo, Bonito.«

»Hallo, Bonito«, krächzte der Papagei.

»Nicht zu dir selbst!« José stieß ein kehliges Lachen aus. Mit dem Papagei auf der Schulter stieg er aus dem Wagen. »Spanisch versteht er besser.«

»*Naturalemente*«, antwortete der Papagei und legte munter den Kopf schief.

»Ein zweisprachiger Papagei im Dschungel«, sagte Silvers Vater und nieste zweimal, bevor er seine langen Beine aus dem Wagen manövrierte. »Erstaunlich!«

Bonito machte seinem Namen alle Ehre: Er war wunderschön. Die prächtigen grünen Federn leuchteten in der tropischen Sonne, sein Schnabel hatte die Farbe reifer Bananen.

Apropos Bananen – schnell sah Silver hinter ihren Knien nach, ob sich da auch keine Spinne niedergelassen hatte.

»Hallo, Bonito«, sagte Silvers Mutter und betrachtete den Papagei eingehend. »Zu schade, dass du nicht sehen kannst, wie schön du bist.«

Sanft ließ sie die Hand vor Bonitos Gesicht auf und ab gleiten. Er zuckte kein bisschen. Erst da bemerkte Silver, dass seine Augen milchig trüb waren und ins Nichts schauten.

»Sie sind sehr aufmerksam«, sagte José und sah Silvers Mutter anerkennend an. »Er ist fast blind auf die Welt gekommen. Deshalb lebt er hier bei uns.«

»Gerrie ist eine erstklassige Tierärztin.« Stolz legte Silvers Vater den Arm um seine Frau. »Die allerbeste.«

»Allerdings nicht für Schildkröten. Und auch nicht für Papageien«, sagte sie schnell, während ihre Nasenspitze rot wurde, wie immer, wenn sie verlegen war. »Das hier ist eine ganz neue Welt für mich. Deshalb will ich auch … ich meine, ich bin nicht hier, um zu arbeiten.«

Sie lachte unsicher und lehnte sich an die warme Schulter von Silvers Vater, obwohl es fast dreißig Grad war.

José sagte, sie könnten ihr Gepäck im Wagen lassen und einer der Freiwilligen würde es später zu ihrer Unterkunft bringen.

»*Bueno*«, sagte er. »Wer hat Lust auf eine Führung?«

Bonito krächzte laut.

»Klingt gut«, sagte Silvers Vater, dann legte er den anderen Arm um Silver. Er trug immer noch das langärmelige Hemd vom Morgen, das mittlerweile durchgeschwitzt war.

José führte die Trevelons den kurzen Weg über den Platz zu dem grünen Gebäude. Im Näherkommen sah Silver, dass es aus Beton war, die Farbe blätterte an einigen Stellen ab.

»Die Tierarztpraxis!«

Wie José erklärte, führte dort Ana, derzeit die einzige Tierärztin (die andere hatte vor Kurzem eine besser bezahlte Stelle angenommen), Operationen durch. Hier wurden auch Schildkröten gekennzeichnet, damit der schwindende Bestand überwacht werden konnte.

»Wollt ihr euch mal umschauen?« Ohne eine Antwort abzuwarten, machte José die Tür auf.

»Guck mal, Mum!«, rief Silver, nachdem ihre Augen sich an das dunklere Licht gewöhnt hatten. »Die haben hier ein Röntgengerät!«

Ihre Mutter stand an der Tür und lächelte dünn, kam jedoch nicht herein. Vielleicht war es nicht so schlau gewesen, das Röntgengerät zu erwähnen. Letztes Jahr hatte Silver in der Praxis ihrer Mutter heimlich ihren Arm geröntgt und einen ganzen Monat Hausarrest bekommen.

»Und hier ist die Klinik.« José öffnete die Tür zum Anbau neben der Praxis.

Darin war es dunkel, es roch nach Fell und Stroh. Silvers Vater nieste zweimal. Der Raum bot Platz für sechs mittelgroße Käfige, von denen zwei belegt waren – der eine von einem Totenkopfäffchen, das mit einem Verband um den rechten Fuß zusammengerollt dalag, der andere von einem unruhigen pelzigen Wesen mit langer Nase, wie Silver noch nie eines gesehen hatte.

»Ein Tamanduaweibchen«, sagte José. »Auch Kleiner Ameisenbär genannt. Normalerweise leben sie auf Bäumen.«

»Dann dürftet ihr zwei euch ja bestens verstehen«, neckte Silvers Vater sie, bevor er wieder nieste.

Während sie die Klinik verließen, zeigte José ihnen die übrigen Gebäude – ein Medikamentenlager hinter der Praxis, ein veraltet wirkendes Informationszentrum für Schülergruppen (Ana begeisterte sich sehr dafür, jungen Leuten den Naturschutz nahezubringen), einen Geräteschuppen und eine Reihe von Büroräumen aus Holz.

»Und das hat Ana alles allein aufgebaut?«, fragte Silvers Vater, während sie zurück zur Lichtung gingen. Er machte eine weite Geste, die nicht nur die Praxis umfasste, sondern die ganze Rettungsstation. »Das ist ja unglaublich.«

Das fand Silver auch. Zwar war die Anlage nicht mit der Tierarztpraxis ihrer Mutter zu Hause zu vergleichen – das war ein modernes Gebäude mit einem asphaltierten Parkplatz drum herum. Die Rettungsstation wirkte dagegen improvisiert, als wäre sie vorübergehend dem Regenwald entliehen und als sollten die Gebäude nur für kurze Zeit menschlichen Bewohnern dienen. Der Boden unter ihren Füßen war weich, ein Gemisch aus Erde und Sand, durchsetzt mit Blättern und Rindenteilen. Aber der Duft nach Erde, nach feuchtem Waldboden? Das roch nach zu Hause. Wenn Silver die Augen zumachte, konnte sie zu Hause in ihrer Eiche sitzen.

Fast.

»*Sí*«, sagte José in ihre Gedanken hinein. »Das ist alles Anas Werk.«

»Sie muss eine bemerkenswerte Frau sein.« Silvers Vater wischte sich mit der Hand über die Stirn. Wer war diese Ana? Silver stellte sich eine freundlich lächelnde Frau mit sanftem Blick vor. Eine liebe, großmütterliche ...

»Ah!«, rief José. »Da ist sie.«

Sie folgten seinem Blick und sahen eine kleine, stämmige Frau aus einem der kleineren Holzgebäude auf der anderen Seite der Lichtung kommen. Ihre drahtig-graue Mähne wurde von einem blau-weiß-roten Haarband zurückgehalten. Sie trug einen bodenlagen schwarzen Mantel und grüne Militärstiefel. Aber das Auffälligste – und Furchterregendste – an ihr war die knallgelbe Schlange, die sie auf Armeslänge von sich hielt.

Die Frau blieb stehen, schaute mit gerunzelter Stirn zu ihnen herüber und kam auf sie zu. Die Schlange in ihrer Hand zischte laut. Von Nahem sah man, dass sie über beiden Augen mehrere gelbe Schuppen hatte, die aussahen wie eine Krone.

»Zurückbleiben!« Silvers Vater schwenkte wild die Arme, um seinen Clan zu beschützen.

Silver schluckte. »Ist die ... giftig?«

»*Sí*. Aber nur, wenn man sie angreift«, sagte Ana.

»Was ich nicht empfehlen würde. Das ist eine Greifschwanz-Lanzenotter. Saß auf meinem Bürostuhl.« Silvers Vater streckte zur Begrüßung eine Hand aus, zog sie jedoch rasch wieder zurück, als die Schlange ihn anzischte. »Jack Trevelon«, sagte er. »Und das sind meine Frau und meine Tochter. Ich kann Ihnen gar nicht sagen, wie wir uns freuen, endlich hier zu sein.«

Ana begrüßte sie und wandte sich Silver zu, die sich Mühe gab, so auszusehen, als ob sie sich auch wahnsinnig freute. Dann schaute Ana Silvers Mutter an, die ein Stückchen abseits stand, die Fleecejacke fest um die Brust gezogen. Ana ließ den Blick eine Weile auf ihr ruhen, als wollte sie von ihrem Gesicht etwas ablesen.

»*Bueno*, es ist mir ein Vergnügen, euch kennenzulernen«, sagte Ana und umfasste die Schlange fester, als die wieder zischte. »Aber jetzt entschuldigt mich bitte. Ich muss eine gefährliche Viper loswerden.«

Wenn Silver sich nicht täuschte, blitzten Anas Augen dabei schelmisch. Sie drehte sich auf dem Absatz um und marschierte schnurstracks zum Waldrand, wo sie so schnell verschwand, als wäre sie gar nicht da gewesen.

»Interessante Erscheinung.« Silvers Vater kratzte sich am Kinn.

»Ana ist … wie soll ich sagen … ziemlich einmalig«, antwortete José mit einem warmen Lächeln, und Bonito krächzte laut. »So. Wer ist jetzt bereit, *las tortugas* zu sehen?«

Neuntes Kapitel

Schildkröten und Affen

José führte die Trevelons um die Praxis herum zu zwei gewaltigen runden Aquarien. Silver kniff die Augen zu. Schaute dann wieder hin. Ja, das war eine Schildkröte. Ihr Kopf ragte über das Aquarium hinaus, und zwei schmale Augen sahen die Besucher neugierig an.

Die Schildkröte war RIESIG! Viel größer, als Silver erwartet hatte. Kein Vergleich mit Maliks Sumpfschildkröten, die man auf die Hand nehmen konnte. Die hier war so groß wie ein Sitzsack! Ein Sitzsack mit tropfenförmigem Panzer, der aussah wie ein Puzzle aus unterschiedlichen Farben – Kastanienbraun, Buttergelb, sogar ein bisschen Rabenschwarz.

»Das ist Luna«, sagte José. »Sie ist ungefähr sechzig, deshalb nennen wir sie die *abuela* – die Oma.«

»Eine grüne Meeresschildkröte, wenn mich nicht alles täuscht. Aber so grün ist sie gar nicht!« Silvers Vater ging näher heran und betrachtete sie fasziniert. »Seht sie euch an. Die reinste Malerpalette!« José lachte sein tiefes Bauchlachen. »Das stimmt. Der Name kommt daher, dass diese Schildkröten eine grüne Fettschicht unter ihrem Carapax haben.«

»Cara … was?«, fragte Silver.

»Carapax. Das ist der Panzer«, sagte José und stützte sich mit den Armen auf den erhabenen Rand des Aquariums. »Luna ist die älteste Bewohnerin unserer Rettungsstation. Ana hat sie vor zehn Jahren gefunden.«

Da erst sah Silver, dass Luna nur zwei Schwimmflossen hatte, beide auf der rechten Seite. »Oh, die Ärmste. Wie ist das passiert?«

»Wie es leider mit vielen Schildkröten passiert«, sagte José und streichelte Luna zärtlich über den Kopf. »Sie hat sich in einer Angelschnur verfangen.«

Silver streckte eine Hand aus. »Darf ich?«

Ihr war eingetrichtert worden, immer um Erlaubnis zu fragen, bevor sie ein Tier anfasste – vor allem ein wildes Tier. Als José nickte, strich sie mit den Fingerspitzen über Lunas Nase. Es sah ganz so aus, als ob Luna den Kopf noch weiter herausstreckte.

Die Unterseite ihres Halses war weiß und weich, und um das Gesicht hatte sie kleine kastanienbraune Flecken – die gleiche Farbe wie die ihrer beiden verbliebenen Flossen. Ihre Haut fühlte sich rau an, wie die Rinde eines Baums. Aber nicht unangenehm. Sie hatte eine Struktur und mehrere Schichten, in denen jahrzehntealte Weisheit steckte.

»Hi, Luna«, flüsterte Silver.

Ein kleiner Funke flammte in ihrem Herzen auf. Kein loderndes Feuer, aber etwas, das sie bisher nicht zugelassen hatte. Vielleicht lag es daran, dass die Schildkröte Luna hieß, Mond. Das verband sie mit ihr. Aber es war nicht nur das. Es war der Zauber des Gefühls, mit einem wilden Tier in Verbindung zu treten.

»Und hier haben wir Van Gogh und Laura Miranda.« José zeigte auf das andere Aquarium. »Die sind nicht so zutraulich wie Luna.«

Die anderen beiden waren Echte Karettschildkröten. Sie waren viel kleiner als Luna, und sie waren aus einem ganz ähnlichen Grund hier. Laura Miranda erholte sich von einer Verletzung ihres Panzers durch einen Schiffspropeller, während Van Gogh einen Angelhaken verschluckt hatte und, weil die Wunde sich entzündet hatte, länger behandelt werden musste.

»Sie sind alle so wunderschön«, sagte Silvers Vater leise.

Unsicher zog er die Stirn in Falten. Weil er sich den Dschungel anders vorgestellt hatte? Oder lag es daran, dass er etwas Neues malen würde? Silver hoffte so sehr, dass seine Kunst hier wieder farbenfroher würde als seine letzten Bilder.

»¡*Bueno!*« José klatschte in die Hände »Jetzt musst du aber mal das Atelier sehen. Ich hab es extra für dich eingerichtet.«

Silver konnte sich kaum von den Schildkröten trennen, doch nach einem letzten Blick ging sie mit ihren Eltern mit, die José zu dem zweitgrößten Gebäude folgten – dem Informationszentrum. »Es ist nicht modern. Aber wir hoffen, es reicht dir.«

José öffnete die Tür zu einem schmalen Raum. Darin waren ein paar Reihen Klappstühle, einige verstaubte Bilder an den Wänden und ein veraltetes Whiteboard. Der Raum wirkte düster und schäbig und erinnerte Silver an einen miesen Schultag.

Ihr Vater verlangsamte seinen Schritt.

»¡*No te preocupes!* Keine Sorge. Das ist es noch nicht!« Schnell durchquerte José den Raum und öffnete schwungvoll eine weitere Tür. »Hier ist dein Atelier.«

Es war ein rautenförmiger Raum mit zwei großen Fenstern, die das Sonnenlicht hereinließen. Die Decke bestand aus aus Milchglas, und ätherisches grünes Licht strömte herein. Es war ein Raum, der Zauber beschwor und Fantasien wachrief. José hatte sogar daran gedacht, eine Staffelei aufzubauen.

Und es wäre vollkommen gewesen, hätte auf der Staffelei nicht ein frecher kleiner Kapuzineraffe gesessen. Er ließ seinen Schwanz hinab, und etwas verdächtig Braunes kleckste auf das weiße Blatt. Silver war sich fast sicher, dass der Affe lachte.

»Tickle!«, schimpfte Bonito, der bis jetzt still auf Josés Schulter gesessen hatte.

»Entschuldigung«, sagte José. »Tickle sollte nicht hier drin sein.«

Das sah Tickle ganz anders. Er lief auf der Staffelei hin und her und kreischte vergnügt. Dann schnappte er sich einen Pinsel und warf ihn in die Luft.

»Tickle ist manchmal leider etwas … wie sagt man … Er verteidigt sein Revier.« José hob den Pinsel vom Boden auf. »Das war früher mal sein Raum. Aber er stört dich bestimmt nicht.«

Silvers Vater hatte die Augenbrauen so hoch gezogen, wie es ging.

»Toll«, presste er hervor, dann nieste er laut.

Silver hustete hinter vorgehaltener Hand – möglicherweise klang es eher wie ein Lachen –, während ihr Vater geschickt das Thema wechselte. »Ich habe meine eigenen Pinsel mitgebracht, darunter meinen treuen Adlerpinsel – aber was habt ihr hier sonst noch an Utensilien?«

Während die beiden sich unterhielten, schaute Silver sich neugierig um. Es gab zu viel zu sehen, um langweiligen Erwachsenengesprächen zu lauschen! Sie hatte sich die anderen beiden Schildkröten noch nicht mal richtig angeguckt. Genau. Das würde sie jetzt machen. Während ihr Vater weiter über die Borsten redete, die er am besten fand, schlüpfte sie leise aus dem Atelier, schlich durch das Informationszentrum und kam auf der Lichtung wieder heraus. Blinzelnd stand sie im grellen Sonnenlicht.

Da rannte ein Junge auf sie zu. Er war ungefähr in ihrem Alter, hatte dunkelbraune Wuschelhaare und ein paar versprengte Sommersprossen auf der Nase.

»Hoppla!« Kurz bevor er mit ihr zusammenstieß, blieb er stehen. Zu seinen Füßen knurrte ein schwarzweißer Rauhaarterrier mit spitzen Zähnen.

»Hi«, sagte Silver und gab sich große Mühe zu ignorieren, dass der Junge sie anstarrte, als hätte sie zwei Köpfe oder so.

Er legte einen Finger auf die Lippen. »Pscht!«, flüsterte er. Dann machte er kehrt und verschwand über einen Sandweg, der parallel zum Informationszentrum verlief und in einen dichten Palmenwald führte. Der Terrier knurrte noch mal, dann flitzte er dem Jungen nach.

Unter diesen Umständen hatte Silver nur eine Wahl. Hinterher.

Zehntes Kapitel

Ein neues Zuhause

Die Bezeichnung »Schildkrötenstrand« verriet es ja schon, trotzdem hatte Silver bisher keinen Gedanken daran verschwendet, dass es hier wirklich einen Strand geben könnte. Durch die dichten Bäume konnte man ihn von der Anlage aus weder sehen noch hören. Doch dieser Weg führte nur in eine Richtung, und zwar nicht in die Zivilisation. Der Boden unter Silvers Füßen wurde immer sandiger, bis sich der Weg zu einem weiten Strand in der Form eines Lächelns öffnete.

An den Stränden, die Silver bisher mit ihren Eltern besucht hatte, gab es Eisbuden, Stände mit Fish and Chips und Spielhallen mit plärrender Musik.

Hier nichts dergleichen. Der Sand war so warm, dass sie die Hitze durch die Sohlen ihrer Schuhe an den Füßen spürte. Eine Reihe von Palmen bot ausreichend Schutz.

Silver holte tief Luft. Dann noch mal. Und noch einmal. Es war der wildeste, schönste Strand, den sie je gesehen hatte. Doch von dem Jungen und dem Hund keine Spur. Nicht mal Fußabdrücke im Sand. Sie schaute sich um und war sich auf einmal der Tatsache bewusst, dass sie ganz allein in einer fremden Umgebung war und ihren Eltern nicht Bescheid gesagt hatte.

Silver wischte sich den Schweiß von der Stirn und folgte ihren Schritten zurück.

Als Silver wieder in das Atelier ihres Vaters schlich, hatte niemand ihre Abwesenheit bemerkt bis auf Tickle, der zur Begrüßung mit dem Schwanz peitschte. José erklärte gerade, warum die Rettungsstation ausgerechnet an diesem Ort errichtet worden war. Jedes Jahr kamen Tausende Schildkröten her, um hier am Strand ihre Eier abzulegen.

»Wenn auch in letzter Zeit leider immer weniger«, sagte er. »Deshalb brauchen wir die Freiwilligen. Sie helfen, die geschlüpfte Brut in den Ozean zu bringen.«

»Dann greift ihr regelrecht aktiv in die Natur ein?«, fragte Silvers Vater.

»*Sí*«, sagte José mit einem für ihn seltenen Stirnrunzeln. »Die Menschen haben viel Schaden angerichtet. Warum jetzt nicht mal auf positive Weise eingreifen? Ohne unsere Hilfe würden einige Schildkrötenarten vielleicht aussterben.«

»Das wäre schrecklich!«, rief Silver, noch etwas atemlos vom Rückweg.

Sie hatte die Schildkröten erst kurz kennengelernt, aber das genügte, um zu sehen, was für ein großer Verlust es für die Welt wäre, wenn es sie nicht mehr gäbe. Silver hakte sich bei ihrem Vater unter, damit er merkte, dass sie ihn unterstützte. Auch wenn er hier nur ein kleines Zahnrad im Getriebe sein konnte, kam ihr seine Arbeit auf einmal sehr wichtig vor.

»Es war ein langer Tag, *no*? Und ich quatsche zu viel!«, sagte José, als Bonito an seinem Ohrläppchen schnäbelte. »Möchtet ihr eure Schlafplätze sehen?«

Die drei Trevelons nickten dankbar. Silver war müde von der Reise und den vielen neuen Eindrücken. Und nichts hätte sie darauf vorbereiten können, wie heiß und schwül es im Regenwald war – als würde man durch ein warmes Bad waten.

José führte sie aus dem Atelier und dann etwa fünfzig Meter über einen mit Baumrinde angelegten Weg parallel zum Strand. Unterwegs kamen sie an einer Reihe einfacher Hütten für die Freiwilligen vorbei, wo ein Paar mittleren Alters in einem Gemüsegarten einige Sträucher zurückschnitt.

»Hier leben die ständigen Bewohner.« José blieb vor vier einfachen Häusern in einem grünen Palmenkreis stehen. »Das da ist euer Haus!«

Das Gebäude, auf das er zeigte, stand am Ende der Reihe und war nicht unbedingt das, was Silver als typisches Haus bezeichnet hätte. Kein rechteckiges Haus aus Backsteinen mit Schornstein und vier Fenstern an der Vorderseite. Es war komplett aus Holz gebaut, und vor allem stand es in sechs Metern Höhe auf Stelzen. Eine Holztreppe führte zur Eingangstür hinauf.

»Jetzt, *por favor*, müsst ihr mich entschuldigen. Ich muss für morgen die Ankunft der neuen Freiwilligen vorbereiten.«

Als José gegangen war, fassten die drei Trevelons sich an den Händen und schauten zu ihrer neuen Bleibe empor. Silvers Vater schluckte, während ihre Mutter nach dem Stethoskop fassen wollte, das sie sonst immer um den Hals trug. Als sie es nicht fand, ließ sie die Arme wieder sinken.

»Tja«, sagte sie unsicher. »Das ist …«

»… der Wahnsinn!«, flüsterte Silver. Ohne auf ihre Eltern zu warten, sauste sie die Treppe hoch, wobei sie immer zwei Stufen auf einmal nahm, und landete auf der überdachten Veranda, die sich über die gesamte Breite des Hauses erstreckte. Hier oben war es fast so, als wäre man in den Bäumen. Insekten summten, Vögel zwitscherten, das Laub raschelte. Als wäre sie mitten in der Lunge des Dschungels. Im Baum neben ihr brüstete sich ein Tukan mit seinem Gefieder, und auf dem Geländer der Veranda ruhte ein prächtiger blauer Schmetterling seine Flügel aus. Durch die flatternden Palmenblätter erspähte sie die silbern glitzernde Brandung des Ozeans.

Silver hüpfte von einem Zimmer zum anderen und nahm mit einem einzigen berauschenden Atemzug das neue Haus in sich auf.

Es gab zwei Schlafzimmer – eins nach vorne raus, mit einem Doppelbett, eins nach hinten raus, mit einem Einzelbett. Das kleinere war natürlich für sie bestimmt. Daneben lag eine einfache Küche, die aus einer kleinen, mit Gas betriebenen Kochplatte bestand, einem klapprigen Schrank und einem Kühlschrank, in den ungefähr drei Getränkedosen und ein Schokoladenhörnchen passten.

Zwar sichtete Silver direkt zwei beeindruckende Kakerlaken, und die Toilette hatte keine Wasserspülung – stattdessen war sie mit Sägemehl gefüllt –, aber irgendwie spielte das alles keine Rolle.

Denn das Haus war ... vollkommen.

Vollkommen für Menschen, die Bäume liebten und eine Spur von Wildnis im Herzen trugen.

Inzwischen hatten sich Silvers Eltern auch nach oben gewagt und schauten sich skeptisch um. Ihre Mutter setzte sich mit einem Seufzer an den Verandatisch und wischte ein paar Blätter und eine tapfere rote Ameise beiseite.

»Tja«, sagte sie. »Das hatte ich mir ein bisschen anders vorgestellt.«

Silvers Vater war ungewöhnlich still. Er nahm den Pinsel, an dem er genagt hatte, aus dem Mund und malte Pinselstriche in die Luft.

»Aber ... aber wir können ein Zuhause daraus machen. Siehst du das nicht?«, sagte er. »Hier, an diesen beiden Pfählen auf der Veranda, können wir deine Hängematte aufhängen. Guck mal, die passt perfekt da hin. Da drüben stellen wir ein paar Blumentöpfe auf. Aus ein paar von den Paletten, die ich im Informationszentrum gesehen habe, könnte ich ein Bücherregal zimmern. An der Wand dort könnte ein Surfbretthalter stehen.«

»Seit wann surfe ich?«, fragte Silvers Mutter. »Ich schwimme ja noch nicht mal gern! Ich kann es nicht ausstehen, wenn meine Haare nass werden, das weißt du genau.«

»Pflücke den Tag, Gerrie.«

Er schaute sich um, verzierte seine Vision mit einem Farbklecks hier und da, bis die beiden schließlich sehen konnten, was Silver auf den ersten Blick erkannt hatte. Trotzdem wirkte Silvers Mutter noch nicht überzeugt.

»Ich hab es mir ja auch etwas anders vorgestellt«, gab Silvers Vater zu und legte den Pinsel aus der Hand. »Ich meine, allein die Idee, ein Affe könnte mir malen helfen!«

»Vielleicht ja schon.« Silver spürte auf einmal den Schalk im Nacken. »Er könnte ...«

»Ja?« Ihr Vater sah sie an. »Wie soll der Affe mir helfen?«

»Er könnte dafür sorgen, dass deine Bilder ... hm ...« Sie schluckte. »Lustiger werden?«

Ihr Vater guckte finster, als wäre ihm das bloße Wort zuwider. »Lustiger?«, stieß er hervor. »LUSTIGER? Ich zeig dir gleich, was lustig ist.«

Mit diesen Worten stürzte er sich auf Silver, hob sie an der Taille hoch und kitzelte sie von Kopf bis Fuß durch. Als Silver sich ausgelacht hatte (glücklicherweise ohne in die Hose zu pinkeln), stellte ihr Vater sie wieder auf die Füße. Er wirkte selbst ganz verblüfft – als hätte eine fremde Macht von ihm Besitz ergriffen. Silver grinste. Sie konnte sich nicht erinnern, wann er das zuletzt gemacht hatte!

Später, nach einem heldenhaften Versuch, auszupacken, lag Silver auf ihrem Bett, geöffnete Koffer um sie herum und nur ein kleiner Stapel Klamotten auf dem Fußboden.

Das Zimmer war fensterlos bis auf eine Dachluke, durch die man ins Laubwerk schaute. Als sie den Blick zum Grün erhob, schwirrten ihr die Bruchstücke der letzten vierundzwanzig Stunden durch den Kopf. Der schwelende Vulkan, der süßliche, durchdringende Geruch des Regenwaldes, Bonitos schillerndes Gefieder, Tickles peitschender Schwanz, Luna und die anderen Schildkröten. Silver lächelte. Vielleicht war es gar nicht so übel, vier Monate hier zu sein.

In diesem Moment spähte ein Gesicht durch die Dachluke herein. Jedenfalls sah es so aus wie ein Gesicht. Der Moment war nur flüchtig, ein kurzes Aufblitzen. Es hätte alles Mögliche sein können.

Sie kniff die Augen zusammen. Als sie sie wieder aufschlug, war nichts mehr zu sehen.

Elftes Kapitel

Dschungelleben

In dieser ersten Nacht schlief Silver genau drei Stunden. Dafür gab es einige gute Gründe:

1. Das Bett war hart wie Beton.
2. Jetlag.
3. Bevor sie das Licht ausmachte, hatte sie in einer Ecke des Zimmers ein großes Spinnennetz entdeckt.
4. Das Mückengesirr. (Über ihrem Bett hing ein Moskitonetz, aber eine Mücke hatte sich hindurchgemogelt.)
5. Das verwirrende Gefühl, in einer fremden Umgebung zu sein.

Aber der Hauptgrund war vielleicht DER KRACH.

Es gab keine Autos, brummende Motorräder oder lautes Hupen. Im Regenwald herrschte eine andere Art von Lärm. Der Lärm Tausender Lebewesen, die einfach nicht still sein konnten.

Mehr als einmal saß Silver mit wild pochendem Herzen kerzengerade im Bett. Was war das für ein Kreischen? José hatte sie vor den wahnsinnig lauten Brüllaffen gewarnt. Aber wenn da draußen nun ein Jaguar lauerte? Als sie endlich eindöste, ging im Nu die Sonne auf, und es gab eine Explosion von Vogelgesängen. Und zwar nicht so wie zu Hause, wo die Vögel schön abwechselnd sangen, wie es sich gehörte. Nein. Das hier war wie ein chaotisches Konzert, bei dem alle wild durcheinanderzwitscherten.

Silver drehte sich auf die andere Seite und schaute auf die Uhr. Sechs Uhr früh. Ach ja. Sie waren in Costa Rica. Von der Küche her hörte sie ihre Eltern. Ihr Vater räusperte sich, während er sich auf sein Tagwerk vorbereitete, ihre Mutter sprach mit zögernder Stimme.

»Ich weiß einfach nicht so recht, was ich heute machen soll«, sagte sie. »Ich war noch nie besonders gut darin, mich zu entspannen, das weißt du doch.«

»Wie wär's, wenn du dir die Praxis mal genauer anschaust? Nicht um zu arbeiten«, fügte Silvers Vater schnell hinzu. »Vielleicht nur, um in der Nähe der Tiere zu sein.«

»Nein«, sagte Silvers Mutter. Selbst durch die Wand war der scharfe Unterton unüberhörbar.

Es folgte ein unangenehmes Schweigen. Die ganze Nacht hatte Silver Stille herbeigesehnt, aber nicht so eine. Sie waren extra auf die andere Seite der Erde geflogen, wieso reagierte ihre Mutter auf alles so wenig begeistert? Silver zog ihr Lieblingsfußballtrikot und Shorts an, dann ging sie hinaus auf die Veranda, wo sie prompt über einen Sack gemahlenen Kaffee stolperte.

»Mist!«

»Ein Geschenk von José.« Ihr Vater half ihr wieder auf.

Was hatten sie nur alle immer mit Kaffee? Kaffee schmeckte wie Dreck. Schlimmer als Dreck! Aber wenn es ihre Mutter glücklich machte, war es gut. Zu Hause hatte sie eine superedle Kaffeemaschine, und jeden Morgen machte sie sich einen Kaffee und nahm ihn in einem Thermobecher mit in die Praxis.

»Okay«, sagte Silvers Vater, und ein sorgenvoller Ausdruck huschte über sein Gesicht. »Ich will am ersten Tag nicht zu spät anfangen.«

Er hatte seine Camouflage-Hose bis über die Knöchel gekrempelt, wo sich bereits ein paar Mückenstiche zeigten. Ein Pinsel lugte aus seiner Hemdtasche, den Adlerpinsel hatte er hinters Ohr gesteckt. Er trank einen Schluck Kaffee, wobei er vergaß, dass er sich einen dritten Pinsel gerade in den Mund gesteckt hatte.

»Okay«, sagte er wieder und spuckte den Pinsel zusammen mit dem Kaffee aus. »Ich bin dann mal weg!«

Er gab Silvers Mutter einen Kuss auf den Kopf, wuschelte Silver durchs Haar, was sie angeblich nicht leiden konnte, in Wahrheit aber ziemlich gern mochte, dann lief er die Treppe hinunter, um gleich wieder hochzukommen und sich seine Farben zu schnappen.

»Silver?« Er senkte die Stimme. »Pass auf deine Mutter auf.« Damit verschwand er wieder die Treppe hinunter und trabte den Weg entlang, der zwischen den Palmen hindurch zur Rettungsstation führte.

Silver sah ihm nach, wie er immer kleiner wurde, bis er verschwand. Es juckte sie in den Zehen vor Neugier. Zu gern würde sie durch die Bäume springen und ihm folgen. Es sich in einer Ecke seines Ateliers gemütlich machen und mit Tickle spielen, während ihr Vater malte. Danach würde sie Luna und die anderen beiden Schildkröten besuchen. Vielleicht sogar nach dem

Ameisenbären in der Klinik sehen. Wie hatte José ihn genannt? Tamandua.

Stattdessen rückte Silver ihre Basecap zurecht. Sie hatte etwas anderes zu tun. Eine sehr erwachsene Aufgabe. Sie setzte sich auf die oberste Treppenstufe und behielt ihre Mutter im Blick. Jedenfalls wenn sie nicht gerade an der verschorften Wunde am Knie knibbelte oder die Blattschneiderameisen beobachtete, wie sie in einer Straße über den Boden liefen. Ein paar ließ sie über ihre ausgestreckte Hand krabbeln. Es kitzelte nur ein kleines bisschen.

Silvers Mutter lag in der Hängematte und las einen skandinavischen Krimi mit düsterem Cover. Silver brauchte eine Weile, bis sie merkte, dass ihre Mutter die Seiten gar nicht umblätterte. Stattdessen starrte sie ins Leere.

Silver räusperte sich. Es klang so, als hätte sie einen Baumsteigerfrosch im Hals. Vor diesen Fröschen in Costa Rica hatte man sie gewarnt, weil sie giftig waren. Wieder räusperte sie sich, lauter diesmal.

Ihre Mutter schüttelte langsam den Kopf und blinzelte sie verwundert an, als hätte sie ganz vergessen, dass Silver da war, und stattdessen von ihrem ungeborenen Geschwisterchen geträumt.

»Warum laufen dir Ameisen über den Arm?«

Hastig wischte Silver sie weg. »Ich dachte … ich dachte, vielleicht hast du Lust auf einen Spaziergang … mit mir?«

Warum hatte sie das gesagt, »mit mir«? Es war ja niemand sonst auf der Veranda.

Ihre Mutter zog die Stirn in Falten. Dann warf sie einen Blick auf ihr Buch, und ihr Blick veränderte sich. Sie sah nicht gerade so aus, als wollte sie Hurra schreien. Eher so, als müsste sie zur Arbeit oder aufs Klo. Aber immerhin. Besser als nichts.

»Das wär schön«, sagte sie und legte das Buch weg.

Im Gegensatz zu gestern war heute in der Rettungsstation jede Menge los. Sechs Freiwillige unterschiedlicher Altersgruppen und Nationalitäten wurden von José eingewiesen. Er hatte Unterstützung durch Bonito mit seinem gelegentlichen Krächzen und einen hoch aufgeschossenen Jungen mit ordentlich gestylten Haaren, der einen eifrigen Eindruck machte. Er war sechzehn oder siebzehn, vermutlich Josés ältester Sohn Oscar, denn er sah ihm sehr ähnlich.

Unter einer süß duftenden Sapote trat Silver von einem Fuß auf den anderen und wartete darauf, dass ihre Mutter voranging. Wie sie es auch zu Hause immer tat.

Silver wartete. Und wartete. Bis sie ungeduldig wurde und zu ihrer Mutter schaute, die mit den Händen in den Taschen ihrer Fleecejacke dastand, mit einem Gesicht, wie Silver es bei ihr noch nie gesehen hatte. Sie brauchte ein paar Sekunden, bis sie es einordnen konnte.

Langeweile war es nicht. Wenn ihre Mutter sich langweilte, blähte sie die Nasenlöcher auf. Ärger war es auch nicht. Das hätte Silver gemerkt. Es war …

»Ach so.«

Obwohl ihre Mutter viel älter war, sah sie genauso verloren aus wie Aziza an ihrem ersten Schultag – als sie auf dem Schulhof in der Ecke gestanden und darauf gewartet hatte, dass jemand sie ansprach. Dieser Jemand war Silver gewesen. Also machte Silver dasselbe wie damals. Sie nahm die Hand ihrer Mutter und drückte sie ganz fest. Und ihre Mutter drückte ganz schwach zurück.

»Vielleicht können wir …«, setzte Silver an und verstummte.

Da war Ana und rannte über das Gelände, die Schöße ihres Mantels flatterten hinter ihr her. Die beiden Freiwilligen, die sie gestern im Gemüsegarten gesehen hatten, rannten ihr nach.

»Wieso haben die es so eilig?«, fragte Silver.

»Am Strand ist eine Grüne Meeresschildkröte«, sagte jemand neben ihnen. »Sie müssen die Eiablage überwachen.« Es war eine Frau mit einem warmen Blick und freundlichem Lächeln. Silver war so auf Ana fixiert gewesen, dass sie ihr Kommen gar nicht bemerkt hatte.

»Mala«, stellte die Frau sich vor. »Ich bin seit drei Wochen als Freiwillige hier, aber ich reise morgen ab. Und das hier«, sie zeigte auf ihren Bauch, »ist Qing-Dai.«

Der Blick von Silvers Mutter wanderte zu Malas gerundetem Bauch, über den diese zärtlich mit der Hand strich. Ihr Lächeln flackerte, bis sie sich zusammenriss.

Erst als Mala gegangen war, ließ Silvers Mutter die Maske fallen, und heftige Sehnsucht lag in ihrem Blick. Dieses elementare Gefühl mitanzusehen – beinahe wie ein Hunger –, verwirrte Silver. Als würde ihr Innerstes bei höchster Temperatur in der Waschmaschine herumgeschleudert. Als sie etwas sagte, klang ihre Stimme ganz fremd. »Was sollen wir als Nächstes machen? Zum Strand gehen? Vielleicht ein bisschen im Wasser planschen?«

»Ich glaube ... ich glaube, ich gehe lieber zurück zum Haus.«

Silver machte den Mund auf und klappte ihn wieder zu.

»Das verstehst du doch, oder?«, fragte ihre Mutter.

Eigentlich nicht.

Aber das sagte Silver natürlich nicht. Sie nickte nur. Als ihre Mutter davonschlich, breitete sich eine Leere um Silver herum aus. Vielleicht wäre es anders, wenn Aziza da wäre oder wenigstens irgendjemand in ihrem Alter. Aber da war niemand. Nicht mal der Junge von gestern. Nachdem sie eine Weile ziellos umhergeschlendert war, ging sie zum Strand, um zu gucken, ob da irgendwas los war, aber bis auf einen Leguan, der sich sonnte, gab es kein Lebenszeichen.

Es war mitten am Tag und viel zu heiß, um draußen zu sein, also lief sie zurück zum Haus, wo ihre Mutter sanft in der Hängematte schaukelte. Das Buch lag auf ihrem Bauch, ihre Augen waren geschlossen. Silver wusste nicht, ob sie wirklich schlief oder nicht. Aber sie hatte den Verdacht, dass ihre Mutter nur so tat, als ob. Und weil Silver nichts anderes zu tun hatte, zog sie sich in ihr Zimmer zurück, legte sich aufs Bett und schaute in die Bäume.

Sie musste wohl eingeschlafen sein, denn sie erwachte mit einem benebelten Gefühl. Sie hatte keine Ahnung, wie spät es war, es war jedenfalls noch hell. Aber nicht die Benommenheit hatte sie geweckt. Es war ein Klopfen, das von oben kam.

Hinter der Dachluke tauchte ein Gesicht auf, das von dunkelbraunen Locken umrahmt war, dann wurde das Fenster von geschickten Fingern geöffnet.

»Ich brauch deine Hilfe.«

Zwölftes Kapitel

Rafael und Speedy

»Ich bin übrigens Rafi«, sagte er und ließ sich ins Zimmer plumpsen. »Wie der von den Turtles.«

Er trug ein von Rinde verflecktes weißes T-Shirt zu leuchtend gelben Shorts mit zwei roten Blitzen links und rechts am Saum und rosa Sneakersocken zu schwarzen Badelatschen.

Silver blinzelte und rieb sich die Augen. Aber als sie wieder hinschaute, war der Junge immer noch da. Es war der, den sie gestern schon gesehen hatte.

»Von den Turtles?«

»Von den Teenage Mutant Ninja Turtles.« Er seufzte, als wäre das offensichtlich.

»Ah. Rafael. Verstehe«, sagte Silver. »Dann bist du bestimmt der Sohn von José. Nicht Oscar, der andere.

Er hat gesagt, er hat zwei Söhne und dass ihr drei aus Kanada hergezogen seid.«

Irgendetwas an seinem trotzigen Blick verunsicherte sie. Vielleicht war er gar nicht Josés Sohn. Schließlich war der ungepflegte Junge, der da stand, das absolute Gegenteil von dem großen, ernsten Jungen mit der ordentlichen Frisur, der seinem Vater mit den Freiwilligen geholfen hatte.

»*Sí*, Oscar ist mein Bruder«, sagte Rafi mit einer wegwerfenden Handbewegung. »Aber jetzt musst du mir helfen, Speedy zu finden. Sie ist schon wieder verschwunden. Letztes Mal ist sie in der Klärgrube gelandet und hat tagelang gestunken wie die Pest.«

Silver sah den knurrenden schwarz-weißen Terrier vor sich, den Rafi bei ihrer ersten Begegnung bei sich gehabt hatte. So gern sie Tiere hatte, war sie sich nicht sicher, ob sie diesen Hund unbedingt finden wollte.

»Ich glaub nicht, dass ich da eine große Hilfe wäre.«

Rafi legte den Kopf schief. »Wieso nicht? Du hast doch Augen im Kopf, oder?«

»Ja … aber …« Silver zögerte und dachte an die Bitte ihres Vaters, auf ihre Mutter aufzupassen. Aber ihre Mutter legte offenbar keinen Wert auf ihre Gesellschaft, und das hier war ihre große Chance, ein Abenteuer zu erleben. Außerdem blieb sie ja wahrscheinlich gar nicht lange weg.

Sie schlüpfte in ihre Sneaker und setzte die Kappe auf.

»Coole Schuhe.«

Silver versuchte, ihre Überraschung zu verbergen. Es waren ihre Lieblingsschuhe, sie funkelten silbern. An den Rändern waren sie schon ein bisschen abgewetzt. Ihre Mutter hatte sie ihr zum letzten Geburtstag geschenkt, und irgendwie passten sie immer noch.

Bevor sie sich bedanken konnte, war Rafi schon aufs Bett gesprungen und zog sich aus dem Dachfenster.

»Kommst du?«, fragte er und steckte den Kopf noch einmal herein. Ohne eine Antwort abzuwarten, reichte er ihr eine Hand und zog sie hinauf.

Silver kam auf dem Dach ihres Hauses heraus. Es war nicht schräg, aber sie hatte noch nie auf einem Dach gestanden. Schon gar nicht mitten im Regenwald. Doch jetzt war keine Zeit, die Aussicht zu bewundern. Rafi war schon aufs Dach des Nachbarhauses gesprungen, stemmte die Hände in die Hüften und wartete. Es war das Haus, aus dem die Tierärztin kürzlich ausgezogen war, sie begingen also keinen Hausfriedensbruch. Und der Abstand zwischen den beiden Dächern war auch nicht riesig. Trotzdem, es war eine Lücke. Und sie waren hoch oben. Es gab bestimmt noch tausend andere Gründe, die dagegensprachen zu springen. Ein wesentlicher Grund lag direkt unter Silver in der Hängematte.

Andererseits …

Sie dachte daran, dass ihre Mutter sich schlafend gestellt hatte, als sie zurückgekommen war. Dass sie in letzter Zeit mehr Zeit für ein Kind hatte, das nicht mal geboren war, als für das Kind, das sie hatte.

Silver sprang. Der Abstand schien immer größer zu werden, und als sie auf dem Nachbardach landete, hatte sie es nur dem Profil ihrer Sneaker zu verdanken, dass sie nicht hinfiel.

»*Eres la primera persona que logra saltar así como yo.*«

»Äh. Was hast du gesagt?«, fragte Silver. Sie konnte nur ein paar Brocken Spanisch, während Rafi offenbar zweisprachig war und mühelos zwischen Spanisch und Englisch hin- und herwechselte.

»Du bist die Erste außer mir, die das gemacht hat.«

Bevor sie sich etwas darauf einbilden konnte, war er schon auf das nächste Dach gesprungen. Es erinnerte Silver daran, wie sie über die Trittsteine in ihrem Garten hüpfte und so tat, als wären wilde Krokodile hinter ihr her.

Es war waghalsig. Aber es machte auch Spaß. Und solch einen Spaß hatte sie schon sehr lange nicht mehr gehabt.

Sie sprangen über die letzten beiden Dächer, dann ließ Rafi sich an einer Regenrinne hinunter und landete mit einem Plumps auf dem weichen Waldboden. Silver hinterher. Wie bei einem Manöver lief er geduckt in Richtung Rettungsstation und versteckte sich hinter der Praxis. Silver folgte ihm und erhaschte einen Blick auf Luna in ihrem Aquarium, wie sie sich wohlig in der Sonne ausstreckte. Unvermittelt bog Rafi nach links ab und führte sie einen schmalen Pfad entlang, der von Pflanzen mit runden, wachsartigen Blättern und altrosa Blüten gesäumt war. Hier war Silver noch nicht gewesen.

Anscheinend waren sie ganz in der Nähe des Ozeans, denn sie hörte ihn immer deutlicher. Da tauchte Rafi unter einem Draht hindurch, an dem ein Schild mit der Aufschrift PRIVADO hing, und sie gelangten zu einem rechteckigen umzäunten Platz, etwa so groß wie der Netball-Platz zu Hause.

»Speedy?« Rafi stand vor einem Baum mit dünnem Stamm, große runde Blätter bildeten die Krone. Er schaute nach oben. »Speedy!«

Silver kratzte sich am Kopf. Hunde konnten doch nicht klettern!

»¡Por dicha! Gott sei Dank. Da bist du ja!«

Silver folgte seinem Blick. Sie kniff die Augen zusammen, doch ein Terrier war nirgends zu entdecken. Aber was war das? Etwas Kleines, Braunes, Fluffiges hing am untersten Ast.

»Das ist Speedy?«

Rafi langte nach oben, löste nacheinander Speedys Krallen, dann legte er sich das Faultier wie einen Schal um den Hals. »Na komm, Kleine. Du weißt doch, dass es gefährlich für dich ist, allein hier draußen rumzuhängen.« Er wandte sich zu Silver, als wäre es das Normalste auf der Welt, a) ein Faultier um den Hals zu tragen und sich b) mit ihm zu unterhalten.

»Ich … ich dachte, Speedy wäre der schwarz-weiße Hund!«

Rafi sah sie entsetzt an. »Nein! Morder gehört Ana. Das hier ist Speedy. Sie ist ein Braunkehl-Faultier und erst ein paar Monate alt. Ich hab sie vor einer Woche ganz allein im Regenwald gefunden.« Seine Stimme wurde fast zu einem Flüstern. »Sie ist ein Waisenkind.«

»O nein! Was ist passiert?«

Er legte einen Finger auf die Lippen. »Scht! Wenn sie

dich hört, regt sie sich auf. Faultiere haben schließlich auch Gefühle.«

»I-i-ich ...«, stammelte Silver und wechselte dann lieber das Thema. »Wo sind wir hier eigentlich? Diesen Teil der Rettungsstation kannte ich noch gar nicht.«

»Das ist die Brutstätte«, erklärte Rafi und rieb Speedy zärtlich die Nase. »Sie ist nicht allgemein zugänglich, um sie zu schützen.«

»Was will man denn hier schützen?« Silver drehte sich um und schaute wieder auf den Sandplatz. Der Zaun war mannshoch und das Tor mit einer rostigen Kette und einem Vorhängeschloss gesichert.

Rafi machte große Augen. »Hast du das gehört, Speedy?«

Speedy sah sie böse an. Das Faultier konnte ja unmöglich verstanden haben, was Rafi gesagt hatte. Trotzdem war sein Blick fast so schlimm wie ein Rüffel von Mrs Snootle.

»Die Eier!« Rafi zeigte mit dem Finger auf den Sandplatz. »Wenn die Schildkröten am Strand ihre Eier abgelegt haben, bringen wir sie hierher und bewahren sie sicher auf.«

Silver wollte schon fragen, wozu man Eier beschützen musste. Es waren doch nur Eier. Aber sie sah Rafis grimmigen Blick, und Silver wollte ihre aufkeimende Freundschaft nicht mit einer dummen Bemerkung gefährden. Auch wenn es vielleicht noch zu früh war, um von Freundschaft zu sprechen. Zumal Speedy sie immer noch so giftig ansah.

Rafi schien ihr die Verwirrung anzusehen. »Die Schildkröteneier sind das Wertvollste hier in der Rettungsstation.« Er legte sich Speedy noch etwas fester um den Hals. »Und wir müssen tun, was wir können, um sie zu beschützen.«

Silver schluckte. Das klang beunruhigend ernst, und sie wusste nicht recht, was sie darauf antworten sollte. Aber er hatte sich schon wieder dem Faultier zugewandt und begann jetzt eine ziemlich schräge und einseitige Unterhaltung mit ihm.

»Hmmm.« Rafi dachte anscheinend über etwas nach, was Speedy ihm mitgeteilt hatte. »Okay, ich frag sie.«

»Redest du … redest du mit Speedy?«

Rafi schüttelte den Kopf. »Sie redet mit mir.«

»Ach so«, sagte Silver. Was sollte man darauf auch sonst antworten?

»Speedy möchte wissen, wie du heißt.«

Oje. Sie hasste es, Gleichaltrigen ihren Namen verraten zu müssen. Meistens wurde sie ausgelacht. »Silver«, murmelte sie und stieß mit der Spitze ihres Schuhs gegen den Stamm.

»Silver? Wie … wie der silberne Mond?«

Er zeigte zum stillen Vollmond am Nachmittagshimmel.

Silver nickte und spürte, dass vier Augen sie durchdringend ansahen. Ein paar Sekunden verstrichen. Noch ein paar. In der Faultierwelt liefen die Uhren langsamer. »Speedy mag deinen Namen.« Rafi verstummte, als dächte er über etwas wahnsinnig Wichtiges nach. »Und ich auch.«

Bevor Silver etwas erwidern konnte, ging er ein paar Schritte zurück und tuschelte mit seinem Faultier.

»Speedy! Wir kennen sie doch gar nicht!«, sagte er.

»Okay. Okay. Aber erst muss sie die Prüfung bestehen. Das sind die Regeln, wie du weißt.«

Rafi räusperte sich und sah Silver entschlossen in die Augen. »Speedy möchte wissen, ob du mit uns auf Patrouille gehst.«

»Was?«, sagte Silver. »Was denn für eine Patrouille?«

»¡Juepucha! Meine Güte! Weißt du denn gar nichts über den Schildkrötenstrand?« Rafi hob hilflos die Arme und sah sie entgeistert an. »Komm mit.«

Dreizehntes Kapitel

Der Schildkrötenstrand

Silver folgte Rafi den kurzen Weg bis zum Strand. Anstatt auf dem Sand zu laufen, hielt er sich am Rand, wo das wilde Unterholz wuchs. Kein Wunder, dass sie am ersten Tag keine Fußspuren gefunden hatte. Während sie liefen, redeten sie. Oder besser, Rafi redete, und Silver hörte zu.

»Hier an diesem Strand legen vier verschiedene Arten von Meeresschildkröten ihre Eier ab: die Grüne Meeresschildkröte, wie Luna, die Echte Karettschildkröte und die Unechte Karettschildkröte.« Rafi zählte es ihr an den Fingern vor. »Und dann noch meine absolute Lieblingsschildkröte: die Lederschildkröte.«

»Lederschildkröte?« Silver kicherte. »Das ist ja ein lustiger Name.«

Rafi wirbelte herum. Seine Augen funkelten bedrohlich. Silver schluckte ihr Lachen herunter.

»Sie hat als einzige Schildkröte keinen harten Panzer – deshalb ist sie vor ihren Feinden nicht so gut geschützt. Stattdessen hat sie einen Carapax aus Leder.«
Immerhin wusste sie schon, was ein Carapax war.
Während Rafi weiterredete, wurde ihr ganz schwindelig. Entweder lag es an der heißen Nachmittagssonne oder daran, dass er in rasender Geschwindigkeit Fakten ausspuckte wie ein wandelndes Schildkrötenlexikon.
»ABER! Nicht nur deshalb sind sie besonders«, fügte Rafi hinzu. »Die Lederschildkröte ist die größte Schildkröte überhaupt und existiert schon seit hundert Millionen Jahren. Seit dem Zeitalter der Dinosaurier!«

Er blieb abrupt stehen, und Silver stolperte direkt in seinen Rücken. Sie rieb sich die Nase, die sie sich beim Aufprall gestoßen hatte.

»Um diese Zeit müssten sie ans Ufer kommen, um ihre Eier abzulegen. Aber ...« Er senkte die Stimme. »Hier am Strand war schon seit fast zwei Jahren keine Lederschildkröte mehr.«

Speedy, die immer noch um Rafis Hals hing, sah Silver sorgenvoll an.

»Und«, sagte Rafi ebenso sorgenvoll, »ich hab überhaupt noch nie eine gesehen. Alle Meeresschildkröten sind bedroht, aber die Lederschildkröte mehr als alle anderen.«

Er klang wirklich deprimiert. So wie sie sich gefühlt hatte, als sie in der letzten Saison keine Tickets für das Pokalendspiel bekommen hatte. Silver schaute zum Mond hinauf. Sie wusste zwar nicht viel über Schildkröten, aber mit Enttäuschungen kannte sie sich aus.

Rafi straffte die Schultern und ging weiter, diesmal schweigend. Während Silver ihm folgte, versuchte sie nicht über eine der vielen knorrigen Wurzeln zu stolpern, die immer wieder unverhofft vor ihren Füßen auftauchten. An die feuchte Luft hatte sie sich immer noch nicht gewöhnt, und der Schweiß lief ihr zwischen den Schulterblättern herunter.

So gingen sie einige Minuten, bis Rafi wieder stehen blieb. Zum Glück stieß Silver ihm diesmal nicht gegen den Rücken. Er schaute zu den tosenden Wellen, und ein Lächeln zuckte um seine Mundwinkel. Genauso guckte Silvers Vater, wenn er aus seinem Reiseführer vorlas. Ein weiterer Beitrag über Schildkröten lag in der Luft, und richtig, da kam er schon.

»Wusstest du, dass eine Schildkrötenmutter ihre Eier

immer an genau demselben Strand ablegt, an dem sie geboren wurde?«

»Ja!«

Silver grinste ihn breit an. Sie gab natürlich nicht zu, dass es das Einzige war, was sie über Schildkröten wusste. Und sie hatte es auch nur behalten, weil ihr Vater den Vorgang mit einem Familienstammbaum verglichen hatte. Eine Schildkröte nach der anderen aus einer Familie kehrte an denselben Strand zurück, um dort ihre Eier abzulegen. Ein bisschen so, wie die meisten Vorfahren ihres Vaters auch Künstler gewesen waren und er jetzt hoffte, Silver würde die gleiche Laufbahn einschlagen. Aber das brauchte Rafi ja nicht unbedingt zu wissen.

»Aber warum machen sie das?«, fragte sie.

»Darüber gibt es verschiedene wissenschaftliche Theorien.« Er blinzelte mit seinen braunen Augen in die Sonne. »Aber die Wahrheit ist, die Menschen wissen es nicht.«

Silver nickte. Ihre Mutter sagte immer, es gebe Tiere auf der Welt, die schneller seien als ein Auto, höher fliegen könnten als ein Flugzeug und wie durch Zauberei zurück nach Hause fänden. Und meistens hatten die Menschen keine Ahnung, wie sie das anstellten.

Rafi kauerte sich in den Sand und hob einige winzige Stückchen zerbrochener Eierschale auf. So winzig, dass sie Silver gar nicht aufgefallen waren. Sie kniete sich neben ihn. »Sind das Schildkröteneier?«

»Von Grünen Meeresschildkröten.« Er streckte die Hand aus, damit Silver sie betrachten konnte. »Man erkennt es an der Größe und der Farbe.«

»Was ist mit ihnen passiert?«

»Jaguare«, knurrte er. »Und wenn die Jaguare sie nicht holen, werden sie von Geiern oder Schlangen gefressen. Manchmal sogar von Menschen.«

»Menschen essen Schildkröteneier?«

»Das gibt es auf der ganzen Welt. Nicht nur hier. Sie gelten als Delikatesse.« Verächtlich presste er die Lippen zusammen. »Die Leute verdienen Geld damit, sie an Restaurants oder auf dem Schwarzmarkt zu verkaufen.«

»Das wusste ich nicht.« Erschüttert schaute Silver auf die zerbrochenen Eierschalen. Eier, in denen einmal etwas Lebendiges gewesen war, so wie sie im Bauch ihrer Mutter.

»Deshalb hat Ana die Brutstätte abgeschlossen. Als Schutz gegen Wilderer«, sagte Rafi. »Wir dachten, an diesem Küstenabschnitt hätte das aufgehört. Aber in letzter Zeit ... kommen sie wieder.«

Wilderer? Davon hatte Silver schon mal gehört – von Menschen, die für Geld illegal Tiere fingen und töteten. Aber hier am Schildkrötenstrand? Sie hätte gern noch weiter gefragt, aber da Rafi fast so niedergeschlagen aussah wie Speedy, redete sie lieber von etwas anderem.

»Du hast ja gesagt, dass du noch nie gesehen hast, wie eine Lederschildkröte Eier abgelegt hat. Aber hast du schon andere Schildkröten dabei beobachtet?«

Ein Lächeln breitete sich auf seinem Gesicht aus. »¡Ay sí! Schon ganz oft. Sie krabbeln auf den Strand, und dann graben sie mit den Flossen ein Loch in den Sand.« Rafi hockte sich hin wie eine Schildkröte. »Und dann legen sie ihre Eier ab, so.«

Für einen Jungen mit einem Faultier um den Hals machte er die Schildkröte ziemlich gut nach.

»Und wie ist das?«, fragte Silver. In der Tierarztpraxis ihrer Mutter hatte sie einmal gesehen, wie ein Wurf Kätzchen zur Welt gekommen war, und obwohl das schon ein paar Jahre her war, wusste sie noch, dass sie fast die ganze Zeit die Luft angehalten hatte.

Rafi schwieg, als suchte er nach dem richtigen Wort.

Um sie herum wisperte es im Laub, als rauschten uralte Wahrheiten durch die Bäume.

»Es ist magisch«, sagte er und schaute Silver an. »Einfach magisch.«

Sein Blick hellte sich auf. Und Silver bekam eine neue Seite von Rafi zu sehen. Jemanden, der viel empfindsamer war, als er sich zeigte. Diese Seite gefiel ihr.

»Deshalb gehen wir auf Patrouille«, fuhr er fort. »Wenn wir sehen, dass eine Schildkröte Eier ablegt, passen wir auf, damit kein Mensch oder Tier die Eier rauben kann. Wenn die Schildkröte mit der Eiablage fertig ist, bringen wir die Eier zur Brutstätte, da sind sie in Sicherheit.«

»Und wer genau gehört zur Patrouille?«

»Ich«, sagte Rafi. »Und Speedy.«

»Sonst niemand?«

»Es gibt eine offizielle Patrouille«, gab er zu. »Aber das sind nur Erwachsene. Papá sagt, ich bin noch zu jung dafür. Zu jung und zu klein. Einmal wurde einer von den Freiwilligen von einem Jaguar gebissen. Guck nicht so geschockt! Er hat nur einen Finger verloren. Aber Oscar darf schon mitmachen. Er ist alt genug.«

Wütend trat Rafi gegen ein Stück Treibholz. »Hast du noch Geschwister?«

Silver schüttelte den Kopf. »Nein. Ich bin die Einzige.«

»Du Glückliche.«

Jetzt war nicht der richtige Moment, um zu erklären, dass es nicht so toll war, Einzelkind zu sein. Jedenfalls nicht, wenn die Eltern es sich anders wünschten.

»Noch mal, damit ich es richtig verstehe«, sagte Silver. »Es gibt eine offizielle Patrouille, aber da gehörst du nicht dazu. Aber du hast doch gesagt, du gehörst zu einer Patrouille?«

Rafi grinste. Dann zeigte er nach oben. Sie standen unter einem unglaublich hohen Baum. So hoch, dass die obersten Äste nicht zu erkennen waren.

»Was siehst du da oben?«

Vierzehntes Kapitel

Das Baumhaus

Silver sah nichts als Blätter, Zweige und ein Fitzelchen blauen Himmel, der durch das dichte Laub schimmerte. Speedy, die jetzt auf Rafis Schulter saß, fiepste zweimal. Es war das erste Geräusch, das Silver je von einem Faultier gehört hatte, und es klang überraschend fröhlich.

»Was hat sie gesagt?«

»Sie sagt, du musst bis in den Wipfel klettern und es dir angucken!«

Mit diesen Worten sprang Rafi nach oben und schwang ein Bein über den untersten Ast. Bevor Silver auch nur blinzeln konnte, hatte er sich schon zwei weitere Äste hochgeschoben. Speedy hing dabei an seinem Rücken wie ein Fellrucksack.

»Bisher hat es noch nie jemand außer mir geschafft,

auf diesen Baum zu klettern!«, rief Rafi vergnügt.

»Schon gar nicht ein Mädchen!«

Silver kniff die Augen zusammen. Sie lief um den Baum herum. Einmal, zweimal, dreimal. Er war riesig, aber der Stamm war mit einem Gitter aus stabilen Lianen umrankt. Sie suchte nach dem besten Halt für ihren Fuß und fand eine knorrige Stelle auf Hüfthöhe. Sie steckte die Basecap in den Hosenbund und zog sich hoch.

»Ich komme!«

Es war anders, als auf die Eiche in ihrem Garten zu klettern. Die Eiche war ein alter Freund. Bei ihr wusste Silver genau, wo sie ihre Füße hinsetzen musste, wo ihre Hände am besten Halt fanden, und sogar, wo es sich am besten verschnaufen ließ. Das hier war eher so, als müsste man einen Vulkan erklimmen.

Es schien kein Ende zu nehmen. Einmal trat sie ins Leere und hing mit einer Hand an einem Ast, ehe sie wieder sicheren Halt fand. Gerade als sie dachte, weiter hinauf könnte sie nicht mehr, gelangte sie nach etwa drei Vierteln der Höhe zu einer Plattform aus Holz.

»Oh!«, rief sie verblüfft. »Das ist ja ein Baumhaus!«

Ihr Vater hatte jahrelang versprochen, ihr ein Baumhaus zu bauen, aber irgendwie hatte er das, wie so vieles andere, nie umgesetzt. Und jetzt war sie weit weg von zu Hause in den Tropen und stand in einem Baumhaus. Es hatte drei hohe Wände aus groben Holzbrettern und war so groß wie ihr Zimmer zu Hause. Natürlich gab es kein bequemes Bett mit gemütlicher Decke und keine Poster von ihren Lieblingsspielern an den Wänden. Dafür gab es zwei Baumstümpfe als Sitzgelegenheit, eine ordentliche Reihe Kleiderhaken an einer Wand und verschiedene Schildkrötenpanzer und andere Gegenstände, sorgsam aufgereiht auf einem alten Schultisch.

»Du hast es echt geschafft.« Gegen seinen Willen war Rafi beeindruckt. Er saß auf dem einen Baumstumpf, Speedy saß auf dem anderen und klaubte sich Flöhe aus dem Fell.

»Die sind bestimmt köstlich, aber nein, danke«, sagte sie, als das Faultier ihr einen anbot. Als sie sich umschaute, hatte sie plötzlich ein komisches Gefühl im Magen. Von hier oben schien sich der Ozean in unendlichem Türkis zu erstrecken.

»Wo sind wir?«, fragte sie, und ihr war ein kleines bisschen schwindelig. »Was ist das hier?«

»Du befindest dich im Hauptquartier der ASR!«

»Im Hauptquartier der *was*?«

Hier oben machten die Zikaden solch einen Krach, dass Silver ihn kaum verstehen konnte.

»Der ASR! Agentur für Schildkrötenrettung!«, sagte er jetzt lauter. »Als Papá gesagt hat, dass ich bei der offiziellen Patrouille nicht mitmachen darf, blieb mir nichts anderes übrig.«

»Als was?« Vorsichtig wagte sich Silver weiter in das Baumhaus hinein.

»Als meine eigene zu gründen!«, sagte er und wirkte dabei sehr zufrieden mit sich. »Die offizielle Patrouille ist auf freiwillige Helfer angewiesen, aber die können nicht durchgehend am Strand sein – vor allem beim Schichtwechsel. Und da trete ich auf den Plan! Rafael. Schildkrötenschützer *extraordinario*.«

Silver zog die Nase kraus. »Ist das nicht, hm, ein bisschen gefährlich?«

Rafi nickte stolz.

»Aber dein Vater hat ja seine Gründe, weshalb er nicht will, dass du mit auf Patrouille gehst. Und zufälligerweise glaube ich, das sind sehr gute Gründe. Da draußen laufen hungrige Jaguare rum.« Silver schaute sich argwöhnisch um. Konnten Jaguare auf Bäume klettern? »Und Wilderer! Leute, die Schildkröteneier klauen, sind bestimmt nicht besonders nett.«

»Silver!« Jetzt sah Rafi eindeutig verärgert aus. »Schildkrötenschützer lassen sich nicht von einem kleinen bisschen Gefahr aufhalten.«

»Ich würde es nicht ein kleines bisschen Gefahr nennen.«

Rafi hob in einer hilflosen Geste die Arme. Das machte er anscheinend öfter. »Aber die Schildkröten haben, wenn sie geschlüpft sind, nur eine Überlebensrate von eins zu tausend. Hörst du? Eins zu tausend. Du musst uns helfen!«

Silver schluckte. Sein ernster Blick erinnerte sie an etwas. Es dauerte eine Weile, bis es ihr einfiel, denn damals war es ihr nicht so bedeutsam erschienen. Es war, als ihr Vater das Kinderzimmer angemalt hatte und ihre Mutter sich voller Staunen darin umschaute. Nicht nur voller Staunen – auch voller Hoffnung.

Sie räusperte sich. Zur Ablenkung nahm sie einen der Gegenstände vom Tisch in die Hand. War das ein Magnet? Oder vielleicht eine Batterie? Es war ein winziges Teil, nicht größer als ihr Daumennagel.

»Nicht anfassen!«, sagte Rafi. »Das ist … das ist etwas Geheimes, woran ich arbeite.«

Das Wort »geheim« machte Silver erst recht neugierig, doch sie legte es zurück und betrachtete stattdessen die beeindruckende Sammlung kleiner Schildkrötenpanzer. Als sie sich umdrehte, hatte Rafi sich zu ihrer Überraschung umgezogen. Er trug jetzt einen dunkelblauen Overall, auf dessen Brust ein großes (und nur leicht schiefes) R prangte. Um die Taille hatte er eine dicke Gürteltasche Marke Eigenbau gebunden, mit Werkzeug, Klammern, Haken – und einem langen, spitzen Stock aus geschliffenem Treibholz.

Silver konnte sich nicht zurückhalten. Sie prustete los, doch als sie Rafis enttäuschte Miene sah, hielt sie sich schnell eine Hand vor den Mund.

»Ist das ein Superheldenkostüm?«

»Wenn du es genau wissen willst«, sagte er steif, »bei der Patrouille müssen alle dunkle Farben tragen, damit wir die Schildkröten nicht bei der Eiablage stören. Das R habe ich selbst angenäht.« Rafi strich mit den Fingern darüber. »Und der Gürtel? Der hat alles, was man auf der Patrouille gebrauchen kann.« Er holte ein Maßband heraus, ein paar rote Markierfähnchen, einen Hammer, eine Taschenlampe und drei leere Wassermelonenkaugummipapiere.

»Wofür ist der Stock gut?«

»Das ist kein Stock.« Rafi stach damit in die Luft. »Es ist ein Speer, um Jaguare zu verscheuchen.«

»Tja, also …« Silver schluckte und suchte nach den richtigen Worten. »So was hab ich wirklich noch nie gesehen … Das ist … echt toll.«

Rafi grinste. Dann spuckte er zu ihrer Überraschung in die Hand und streckte sie ihr hin.

»Ich, Rafael Garcia Flores, lade dich, Silver …?«

»Silver Trevelon.«

»Ich lade dich, Silver Trevelon, ein, Mitglied der ASR zu werden.«

Es dauerte eine Weile, bis Silver kapierte, dass er auf eine Reaktion wartete. Doch anstatt in ihre Hand zu spucken, spuckte sie lieber, so gut sie konnte, seitlich über den Baum. Sie traf eine Kokosnuss am Nachbarbaum mit solch einer Wucht, dass die Kokosnuss herunterfiel.

»Wow«, sagte Rafi beeindruckt, diesmal aus vollem Herzen. »Du hattest recht, Speedy! Sie ist die Richtige!«

Zu Rafis großer Freude fiepste Speedy daraufhin.

»Bist du dabei?«, fragte er atemlos. »Hilfst du uns, die Schildkröteneier zu beschützen?«

Im ersten Moment wollte Silver Nein sagen. Nicht, weil sie keine Lust gehabt hätte, sondern weil ihre Eltern es auf keinen Fall gutheißen würden, wenn sie bei einer geheimen Patrouille mitmachte – selbst wenn es zum Schutz der Schildkröten war. Sie würden sagen, es sei zu riskant. Zu gefährlich. Und in letzter Zeit vermied sie alles, was das empfindliche Gleichgewicht ihrer Familie stören könnte.

Aber Rafi lächelte sie so schüchtern und hoffnungsvoll an, dass es war, als träfe ein Sonnenstrahl sie mitten ins Herz.

»Ja!« Noch ehe Silver richtig darüber nachdenken konnte, war es heraus. »Supergern!«

Fünfzehntes Kapitel

Die Patrouille

Als Silver sich einmal dafür entschieden hatte, eine geheime Schildkrötenschützerin zu werden, konnte sie es kaum erwarten, endlich mit auf Patrouille zu gehen. Leider war Rafi an den kommenden Abenden mit einem Schulprojekt beschäftigt. Er ging im nahe gelegenen Dorf zur Schule – dort, wo sie auf der Reise zur Rettungsstation haltgemacht hatten. Die Zeit bis zu ihrem ersten Einsatz nutzte Silver, um sich in Costa Rica einzuleben.

Jeden Morgen wurde sie von den Geräuschen Tausender verschiedener Vögel und Insekten und dem gelegentlichen Ruf eines Brüllaffen geweckt. Ein- oder zweimal hörte sie in der Ferne einen Jaguar knurren. Nachdem sie ihr Zimmer penibel nach Spinnen abgesucht hatte, war es Zeit fürs gemeinsame Frühstück mit ihren Eltern. Silvers Vater hatte für sich *patacones* entdeckt, das waren frittierte Kochbananen, die hier zuhauf wuchsen. Silver aß gern Maisbrot mit Schokocreme. Ihre Mutter, die im tropischen Klima wenig Appetit hatte, trank nur ein paar Tassen starken schwarzen costa-ricanischen Kaffee. Nach dem Frühstück begab sich ihr Vater mit seinem Adlerpinsel hinter dem Ohr in sein Atelier und beklagte sich die ganze Zeit über Tickle.

»Ein Affe!«, murrte er und kratzte sich an seinem neuesten Mückenstich. »Wie soll ich bloß arbeiten, wenn ich die ganze Zeit einen Affen am Hals hab?«

Silvers Mutter verbrachte den Tag entweder mit einem Buch auf der Veranda oder mit Strandspaziergängen. Ins Zentrum der Rettungsstation war sie seit dem ersten Tag nie mehr mitgekommen. Silver konnte dadurch im Grunde tun und lassen, was sie wollte. Na ja, im vernünftigen Rahmen. In den Dschungel durfte sie sich natürlich nicht wagen. Alle Freiwilligen wurden eindringlich davor gewarnt, den Regenwald zu betreten.

Zugegeben, einmal hatte sie doch hineingespäht. Sie war einfach zu neugierig auf die Wildnis, die sich darin verbarg – zumal es dort lauter Pflanzen und Tiere gab, von denen sie noch nie gehört hatte. Bäume, so dick wie Elefanten und so hoch wie Wolkenkratzer. Es gab sogar Bäume, die auf Bäumen wuchsen! Doch nach einem Blick in die dichte Vegetation, die an das gepflegtere Gelände der Rettungsstation grenzte, hatte es sie schon geschaudert. Der dunkle Wald hatte etwas Lauerndes, Geheimnisvolles an sich. Davon stellten sich ihr die Nackenhaare auf. Sie blieb also lieber auf dem sicheren Gelände.

Zum Glück gab es dort auch mehr als genug zu tun. Ihre Eltern hatten sich dagegen entschieden, Silver in die Schule zu schicken, denn sie fanden, dass sie am meisten lernte, wenn sie in den Alltag der Rettungsstation eingebunden war. Wo konnte man Artenschutz besser erfahren als hier? Und Silver kam das sehr entgegen.

Abgesehen von dem festen Team, das aus Ana, José, Oscar, einer Köchin, einem Koch und einem Gärtner bestand, war die Rettungsstation vor allem auf Freiwillige angewiesen. Die kamen von nah und fern und hatten zweierlei gemeinsam – Abenteuerlust und eine große Tierliebe. Abgesehen von den Patrouillen am Strand war es ihre Aufgabe, die Eiablagen der Schildkröten zu dokumentieren, die Eier in die Brutstätte zu bringen, die geschlüpften Schildkröten freizulassen und sich in der Klinik um verletzte Tiere zu kümmern. Doch, wie José betonte, gab es so viel Arbeit, dass sie eigentlich nie genug Helfer hatten. Und so hatte Silver alle Hände voll zu tun. Das waren ihre Aufgaben:

1. Im Gemüsegarten helfen.
2. Die Meerwasseraquarien von Abfällen reinigen – dazu zählte es auch, die Stabheuschrecken zu retten, die versehentlich hineingefallen waren.
3. Verschiedene kleine Arbeiten, zum Beispiel die Praxis desinfizieren.
4. Futter für die Kurzzeitpatienten in der Klinik zubereiten. Zu dem Tamandua und dem Totenkopfäffchen hatten sich ein Halsbandpekari, ein Nasenbär und – Silvers Liebling – ein Tapir gesellt.

Doch der Höhepunkt eines jeden Tages war für Silver die Fütterung der Schildkröten. Anders als andere Schildkrötenarten war Luna eine Pflanzenfresserin, und es hatte etwas ungeheuer Befriedigendes, ihr dabei zuzusehen, wie sie mit ihrem großen Maul ein Algenstückchen von Silvers Fingerspitzen schnappte und gemächlich mampfte. Ein bisschen so, wie Silver ihre Fruchtgummischnüre aß. Langsam und genüsslich.

Je mehr Zeit Silver mit den drei Schildkröten verbrachte, desto besser lernte sie deren jeweilige Persönlichkeit kennen. Van Gogh blieb gerne für sich, außer wenn es etwas zu fressen gab – dann war er auf einmal jedermanns bester Freund. Laura Miranda, die jüngste der drei, hielt sich in Van Goghs Schatten und war viel scheuer als die beiden Älteren. Am allermeisten fühlte sich Silver zu Luna hingezogen.

Oh! Es war unmöglich, sich nicht in sie zu verlieben. Wie sie manchmal gluckste, wenn Silver sie unterm Kinn streichelte (fast wie ein Schnurren), wie sie langsam und schläfrig blinzelte, wenn sie hinauf in die Welt schaute, und wie sie bei plötzlichen Geräuschen den Kopf einzog. Nicht bei Bonito – an das laute Krächzen des Papageis war sie gewöhnt –, aber beim schallenden Gelächter der italienischen Freiwilligen oder beim Rülpsen des Wagens, wenn José ins Dorf fuhr, um Vorräte zu besorgen oder Rafi von der Schule abzuholen.

Für so ein altes, faltiges Tier war Luna wunderschön. Nicht nur wegen der Farben ihres Panzers, sondern auch, weil sie solch eine Präsenz besaß. So konnte man es am besten ausdrücken. Man spürte einfach, dass sie in ihrem langen Leben schon ganz viel gesehen hatte und all diese Schätze irgendwo in ihrer DNA bewahrte. Je mehr Zeit Silver mit Luna und Co. verbrachte, desto dringlicher wurde ihr Wunsch, am Strand auf Patrouille zu gehen. Ein echtes Schildkrötennest in der Wildnis zu sehen! Und endlich bot sich die Gelegenheit.

Gut eine Woche war vergangen, seit sie in Costa Rica angekommen waren.

»Halt dich beim Rolllädenrunter bereit.« So nannte Rafi es, wenn die Dunkelheit kam. Anders als zu Hause wurde es hier ganz schnell Nacht. Eben war es noch Tag und gleich darauf stockfinster.

Silvers Vater kam immer erst spät aus dem Atelier (und murrte darüber, wie langsam er vorankam, weil Tickle andauernd seine Farben auf den Boden warf), deshalb konnte Silver problemlos vor dem Abendessen entwischen.

»Ich geh nur noch kurz zu Rafi«, sagte sie, und das war ja nicht mal gelogen. Außerdem waren ihre Eltern heilfroh darüber, dass sie einen Freund gefunden hatte, da fragten sie gar nicht mehr nach, was sie genau machte.

In der rasch einfallenden Dunkelheit war es kein Problem, ungesehen zum Strand zu gelangen. Oscar war mit ein paar Freunden im Dorf, und José saß mit den Freiwilligen beim Abendessen. Durch die gemeinsamen Mahlzeiten fühlten sich die Freiwilligen als Teil der Familie – und genau das bezweckte Ana damit. Als Rafi und Silver über das Hauptgelände gingen, brannte in ihrem Büro helles Licht.

»Normalerweise verbringt sie viel mehr Zeit mit den anderen«, sagte Rafi. »Aber weiter oben an der Küste gibt es noch eine Rettungsstation, und Papá hat gesagt, dass dort vor Kurzem in der Nacht Eier gestohlen wurden.«

Silver sah ihn entsetzt an.

Rafi nickte grimmig und ging schneller. »Was unsere Arbeit umso wichtiger macht!«

Und auch umso gefährlicher. Aber das sagte sie lieber nicht.

Schon bald gelangten sie zum ASR-Hauptquartier. Silver konnte jetzt schneller auf den Baum klettern, wenn auch noch nicht so schnell wie Rafi – schon gar nicht im Dunkeln. Aber der schwierige Aufstieg in den Wipfel lohnte sich. Nicht nur wegen der Aussicht – auf den Ozean mit der Lichtspur des Mondes –, sondern auch, weil Rafi ihr ihre eigene Gürteltasche überreichte.

»Für mich?«, quiekte Silver.

Der Gürtel war erstaunlich schwer, passte jedoch perfekt um ihre Taille. Nur ein Speer war nicht dabei. »Ich hatte keine Zeit, dir einen zu machen. Aber Speedy und ich können dich ja beschützen.«

Inzwischen hatte Silver begriffen, dass Rafi das Faultier um den Hals trug wie ihre Mutter ihr Stethoskop. Und obwohl es viel zu heiß für einen lebendigen Schal war, war sie ein bisschen neidisch auf das enge Band zwischen Junge und Tier. Was das anging, hatte sie höchstens die Nacktschnecken zu Hause in ihrem Garten zu bieten.

»Bist du bereit?«, fragte Rafi, nachdem er seinen Gürtel über dem Overall befestigt hatte.

Die Patrouille dauerte nur fünfundvierzig Minuten – so lange, wie die Freiwilligen vor ihrer Nachtschicht zu Abend aßen. Genau wie die offiziellen erwachsenen Patrouillen liefen Rafi und Silver am Stand auf und ab und hielten die Augen nach Schildkröten offen, die womöglich ihre Eier am Strand ablegen wollten. Außerdem sammelten sie Müll vom Strand, darunter Plastik oder Reste von Fischernetzen, die an Land gespült worden waren.

Sie blieben die ganze Zeit zusammen. Das heißt, Silver wich ihm nicht von der Seite. Es nützte nichts, dass er immer wieder davonhüpfte, sich hinkniete und im Sand nach Flossenspuren suchte oder brüllte wie ein Jaguar, um sie zu erschrecken.

»GRRRRRR!«, rief er ihr ins Ohr und kriegte sich nicht wieder ein vor Lachen, als sie laut schreiend hochsprang.

Mindestens zehn Mal stolperte Silver. Rafi wollte auf keinen Fall die Taschenlampe einschalten, denn er sagte, jedes helle Licht verwirre die Schildkröten, wenn sie an Land kämen. Genau dadurch waren viele ihrer Nistgebiete auf der ganzen Welt zerstört worden. Und der Mond schien hell genug. Schließlich leuchtete er ja auch den Schildkröten ihren Weg nach Hause.

Trotzdem hatte der Ozean nachts etwas Unheimliches – die Tatsache, dass man ihn hören, aber nicht sehen konnte. Die Dunkelheit des Dschungels wirkte dadurch noch bedrohlicher. In seinen Tiefen konnten sich alle möglichen Tiere oder Menschen verstecken. Obwohl es so schwül war, bekam Silver mehr als einmal Gänsehaut. Und während sie am Strand entlanggingen, klopfte ihr Herz vor Aufregung ganz schnell.

Nur eins fehlte, und das waren die Schildkröten.

Auf ihrer ersten Patrouille sahen sie keine einzige

Schildkröte am Strand. Auf der zweiten und dritten auch nicht. Sieben Mal zogen sie in den folgenden Wochen heimlich zusammen los. Doch bisher hatten sie keine einzige der vier Schildkrötenarten bei der Eiablage gesehen – geschweige denn die Lederschildkröte, auf die Rafi so sehr hoffte.

»Was ist, wenn …« Er schluckte, als sie nach einer gescheiterten Mission wieder einmal den Heimweg antraten. »… wenn auch in dieser Saison keine auftaucht?«

Silver tätschelte ihm beruhigend den Arm. Als das keine Wirkung zeigte, machte sie eine alberne kleine Drehung. Das heiterte Aziza immer auf, wenn sie einen schlechten Tag hatte. Aber Rafi und Speedy schauten sie so kläglich an, dass es schwer zu sagen war, wer von beiden trübsinniger aussah.

»Dann versuchen wir es einfach weiter«, sagte sie leise. »Verspochen.«

Sechzehntes Kapitel

Wellness-Tag

Heute war Wellness angesagt. Nicht für Silver, sondern für die drei Schildkröten in der Rettungsstation. Alle drei wurden aus den Aquarien geholt, und ihre Panzer wurden geschrubbt.

»Na komm, Luna.« Silver war mit einer Zahnbürste bewaffnet. Da es beim Panzerschrubben ganz schön spritzte, war sie barfuß. Obwohl sie sich mit Lichtschutzfaktor hunderttausend eingeschmiert hatte, weil ihre Mutter darauf bestanden hatte, waren ihre Beine und Füße gebräunt.

Luna lebte schon so lange in der Rettungsstation, dass sie es kannte und liebte, den Panzer geschrubbt zu kriegen, während die anderen beiden Schildkröten menschlichen Kontakt eher scheuten. Ihr Leben hatte sich ohne ihr eigenes Zutun für immer verändert – so erging es allen verletzten Tieren, die in einem Schutzzentrum landeten.

Doch auch Luna war neuen Menschen gegenüber immer noch auf der Hut. In gewisser Weise erinnerte sie Silver an ihre Mutter: nach außen stark, doch im Innern verletzlich.

»Nur dass Mum nicht so eine Lederhaut hat.« Silver kicherte. »Jedenfalls noch nicht!«

Luna gluckste leise, fast als hätte sie ihre Worte verstanden.

»Lachst du etwa auch?«, fragte Silver.

Auf der anderen Seite des Aquariums räusperte sich jemand.

Silver schaute hoch. Da stand Ana mit einer großen Waage unter dem Arm. Seit Silvers erstem Tag hier vor gut einem Monat – als Ana die Schlange in den Wald gebracht hatte – waren sie sich kaum begegnet. Entweder hockte Ana über endlosem Verwaltungskram und Rechnungen in ihrem Büro, oder sie rannte zum Strand, um eine Schildkröte bei der Eiablage zu überwachen oder frisch gelegte Eier an sich zu nehmen.

»Gefällt es dir hier, Fünkchen?«

Ganz gleich, ob ein Freiwilliger acht oder achtzig,

männlich oder weiblich war, Ana nannte alle »Fünkchen«. Rafi erklärte es damit, dass Ana im Laufe der Jahre so viele Freiwillige hatte kommen und gehen sehen und sich unmöglich alle Namen merken konnte. Es war nicht unfreundlich gemeint – sie war einfach so sehr auf ihre Arbeit konzentriert. Offenbar konnte sie sich haargenau an jede einzelne Schildkröte erinnern, die jemals gerettet und wieder freigelassen worden war.

Silver nickte zurückhaltend. Ana schüchterte sie mit ihrer Art ein wenig ein. Vielleicht, weil ihr noch nie jemand wie sie begegnet war.

»Ich hatte noch nie ein Haustier«, sagte Silver. »Ich meine ... die Schildkröten sind natürlich keine Haustiere! Ich meine nur, dass ich noch nie ein Tier hatte, um das ich mich kümmern musste. Jedenfalls kein eigenes ... nicht dass Luna mir gehören würde. Das wollte ich damit nicht sagen ...«

Tintenklecks! Was redete sie für dummes Zeug!

Sie wischte sich eine schweißnasse Haarsträhne aus dem Gesicht. Ana in ihrem langen Mantel schien die schwüle Hitze überhaupt nichts auszumachen.

»Ich verstehe, was du meinst«, sagte sie, und um ihre Lippen zuckte es.

Sie stellte die Waage auf den Boden und machte ein

glucksendes Geräusch in der Kehle – es klang genauso wie bei Luna. Sofort marschierte die Schildkröte zu Ana herüber und stieg ohne eine weitere Aufforderung auf die Waage. Sie war so groß, dass sie gerade so eben darauf passte, wobei ihre beiden Flossen über den Rand ragten.

»Wir müssen aufpassen, dass sie nicht zu dick wird«, erklärte Ana und notierte Lunas Gewicht. »Bei Schildkröten, die im Aquarium leben, kommt das häufig vor.«

»Und, hat sie zugenommen?«

»Nein. Sie wird gut versorgt.«

Wenn Silver sich nicht täuschte, klang das ganz nach einem Kompliment. Sie hatte Luna in den letzten Wochen versorgt, und es war beruhigend zu wissen, dass sie ihre Arbeit gut machte. »Es wäre so schön, wenn wir uns auch um die anderen Schildkröten kümmern könnten. Um die in der Natur, meine ich. Dann müssten sie überhaupt nicht hierherkommen.«

»*Es verdad.* Das stimmt.« Müde fuhr Ana sich mit der Hand über das Gesicht. Sie hatte dunkle Ringe unter den Augen, und ihre Miene war besorgt. Hatte das mit den Wilderern zu tun? Dass sie es anscheinend auch auf Rettungsstationen abgesehen hatten?

»Es muss schön sein zu wissen, dass man helfen

kann«, sagte Silver leise. »Das sagt meine Mutter immer, wenn sie sich zu Hause um die Tiere kümmert.«

»*Sí*. Durch die Schildkröten hat mein Leben einen Sinn.« Ana streichelte Luna unter dem Kinn. »Und jeder braucht einen Sinn im Leben. Eine Aufgabe.«

Davon sprachen Erwachsene oft. Mrs Snootle sagte das bestimmt fünfzehn Mal am Tag. Aber Silver hatte für sich selbst noch nie darüber nachgedacht. Sie war ja auch erst elf.

»So wie du durch Rafi eine Aufgabe hast«, sagte Ana.

Moment mal. Meinte sie etwa ihre geheimen Patrouillen? Davon konnte sie doch nichts wissen, oder?

»Eure Freundschaft«, erklärte Ana, als könnte sie ihre Gedanken lesen.

Silver legte den Kopf schief. Ja, die Freundschaft mit Rafi hatte ihr hier wohl einen Sinn gegeben. Ohne ihn wäre sie ganz schön einsam.

»Du hast keinen Bruder und keine Schwester, *no*?«

»Nein«, sagte Silver, verwundert über die Frage.

Ana machte wieder das glucksende Geräusch, und Luna stieg schwerfällig von der Waage. Dann nahm Ana die Waage wieder unter den Arm und sah Silver lange mit sanftem Blick an. »*Sí. Sí.* Das dachte ich mir.«

Bisher hatte es Silver nie etwas ausgemacht, dass sie keine Geschwister hatte. Sie hatte Freunde, sie hatte eine wilde Fantasie, und sie hatte ihre Eltern, die sie liebten.

Doch als sie nach dem Schildkröten-Wellness-Tag zurück nach Hause ging, dachte sie unwillkürlich darüber nach, wie alles hätte sein können. Zum Beispiel das Kinderzimmer. Es wäre kein leeres Geisterzimmer voller Spinnweben – es würde einem lebendigen Baby gehören. Das Baby würde vielleicht oft weinen und sie nachts wachhalten. Aber sie könnte es auch in den Arm nehmen und ihm leise Geschichten erzählen. Sie könnte es lieb haben.

Ja, wahrscheinlich würde es nicht immer gut riechen und eklige Sachen machen, zum Beispiel sie vollspucken, aber es würde auch zu ihr gehören, so wie alle Geschwister zusammengehörten, ob blutsverwandt oder nicht. Es wäre ihr sogar egal, ob es ein Junge oder Mädchen wäre. Es würde zur Familie gehören, und sie wären durch ihren gemeinsamen Stammbaum verbunden. Für immer.

Sie wäre eine gute große Schwester gewesen.

Nicht nur eine gute – eine fantastische.

Bei dieser Erkenntnis blieb Silver wie angewurzelt

stehen. Die Bäume links und rechts von ihr murmelten mitfühlend. Ein heftiges Wehklagen stieg in ihrer Brust auf. Sie hatte gar nicht gewusst, dass sie so empfand. Es verwirrte sie.

Silver schaute nach oben, wo die Zweige ein Geflecht bildeten, so verworren wie ihre Gedanken. Wenn sie einen Bruder oder eine Schwester hätte, wäre ihre Familie ja nie hierhergekommen. In den Regenwald. Dann hätte sie Luna, Rafi und Speedy nie kennengelernt und wäre nie der Agentur für Schildkrötenrettung beigetreten.

Und hier zu sein, war so erstaunlich. Ja. Erstaunlich. Es gab kein anderes Wort dafür. Wie der Dschungel all ihre Sinne zum Leben erweckte – wie alles irgendwie heller schmeckte, aromatischer, würziger, prickelnder.

Zwar war der Grund für ihre Reise ein trauriger gewesen, doch als Silver nach oben blickte, war sie trotz ihrer Angst vor Spinnen und Jaguaren froh darüber, hier zu sein. Aber in ihre Freude mischten sich Schuldgefühle. Denn sie war glücklich und ihre Mutter nicht.

Und waren sie nicht eigentlich deswegen nach Costa Rica geflogen? Damit ihre Mutter den Weg zurück ins Leben fand? Aber es zeichnete sich eher das Gegenteil ab, so viel war klar. Unter der gleißenden tropischen Sonne war jeder Riss in der Schutzschicht ihrer Mutter nur noch größer und auffälliger geworden. Nicht dass sie nicht fürsorglich gewesen wäre. Auch wenn sie zurzeit nicht sie selbst war, tat sie das, was Mütter so taten – sie achtete darauf, dass Silver Sonnencreme benutzte, genug Wasser trank und sich hin und wieder das Gesicht wusch. Aber manchmal schien sie dabei weit weg zu sein.

Silver gab sich alle Mühe, ihrer Mutter zu helfen. Nach dem Mittagessen saß sie oft mit ihr auf der Veranda und erzählte ihr, was am Morgen in der Rettungsstation alles los gewesen war. Sie erzählte von dem Tamandua in der Klinik, Bonitos neuestem Wort, sogar einen Witz, den einer der italienischen Freiwilligen gemacht hatte. Natürlich nicht den schmutzigen Witz, den behielt sie für sich.

Ihre Mutter hörte höflich zu und stellte sogar ein paar Fragen, aber Silver merkte, dass sie nur nett sein wollte. Vielleicht musste sie sich noch eingewöhnen? Diesen Ausdruck benutzten die Lehrer oft, vor allem zu Beginn eines neuen Schuljahrs. Vielleicht brauchte ihre Mutter einfach noch eine Weile, um hier Fuß zu fassen.

»Ich weiß was«, sagte Silver laut, als eine Idee in ihrem Kopf Gestalt annahm. »Ich mache mit Mum eine Schatzsuche!«

Das hatten sie früher oft zusammen gemacht. Sie suchten dann nach allen möglichen Dingen – Muscheln, herzförmigen Blättern, Federn, Kastanien, verschiedenen Schätzen der Natur. Dann rannten sie nach Hause, breiteten ihre Beute auf dem Küchentisch aus und zeigten sie Silvers Vater, der später einen lustigen Cartoon darüber zeichnete.

Das hatten sie schon ewig nicht mehr gemacht. Viel zu lange.

Und hier gab es so viel zu entdecken! Schlangenhäute, zum Beispiel! Vielleicht sogar Krallen von Faultieren! Und was für Federn sie hier finden könnten! Wie zur Bekräftigung flatterte ein Tukan mit den Flügeln und flog davon.

»Siehst du!« Silver hob eine tiefschwarze Feder auf und steckte sie hinter das Ohr. Sie sprang und hüpfte auf dem restlichen Weg nach Hause, wo ihre Mutter in der Hängematte döste.

Hier hatte Silver keinen Beutel mit Kordelzug, in dem sie ihre Schätze hätte sammeln können – solche hatten sie zu Hause immer benutzt –, aber wie wäre es mit ihrem Kopfkissenbezug? Sie schüttelte ihn vom Kopfkissen herunter. Tintenklecks! Jetzt war er auf dem Boden gelandet. Sie wischte den Dreck ab. Na ja, war ja nur ein bisschen Staub. Und sie wollte sich nicht selbst loben, aber die Idee war genial.

»Umwerfend!«

Da ihre Mutter immer sagte, sie sollte sich etwas hübscher anziehen, tauschte sie das Fußballtrikot gegen ein Kleid mit Blumenmuster, das sie von ihrer Oma geschenkt bekommen hatte. Dann hüpfte sie auf die Veranda. Ihre Mutter war jetzt wach – ihr neuestes Buch lag auf ihrem Bauch.

»Mum?«, sagte Silver. »Ich hab eine Idee! Wir könnten doch auf Schatzsuche gehen. Stell dir vor, was wir im Regenwald alles finden können! Wir gehen natürlich nicht richtig in den Wald. Nur auf die Wege um das Gelände herum.«

Sie konnte gar nicht still stehen und hopste auf der Stelle. »Wir könnten sogar ein Picknick mitnehmen! Oder … eine Thermoskanne mit Kaffee!«, fügte sie hinzu, auch wenn das wirklich ein großes Opfer wäre. »Und guck mal! Hier drin können wir unsere Schätze sammeln!«

Triumphierend hob Silver ihren Beutel hoch.

»Ist das etwa dein Kopfkissenbezug?« Ihre Mutter kniff die Augen zusammen. »Der von deinem Bett?«

»Hm, ja.«

Ihre Mutter sah sie entgeistert an. »Du weißt doch, dass wir hier nur einmal in der Woche Wäsche waschen können. Schau ihn dir an! Der ist ganz schmutzig.«

Silver zupfte am Saum ihres Kleids, der an den Beinen kratzte. Sie hatte einen Knoten im Bauch. Das lief nicht nach Plan. Es war doch nur ein dummer Kopfkissenbezug. Wen interessierte es, ob er schmutzig war?

Sie versuchte es noch mal und sprach in fröhlichem Ton. »Ich dachte nur, wir könnten mal rausgehen. Wir beide! Was unternehmen! Zusammen. So wie ... wie früher?«

Sie schluckte. In der Ferne hörte sie die Walddrossel flöten.

»Ach, Silver.« Ihre Mutter band sich die Haare zu einem noch festeren Dutt. »Das ist eine wundervolle Idee, und ich weiß deinen Vorschlag wirklich zu schätzen, aber ... ich glaube nicht. Nicht heute. Ich bin müde.«

Silver hätte am liebsten gesagt, dass ihre Mutter doch schon den ganzen Vormittag gedöst hatte. Dass es ihr guttun würde, aus ihrer Hängematte rauszukommen und die Natur zu sehen. Genau das hätte ihre Mutter umgekehrt zu ihr gesagt, wenn Silver ein bisschen schlapp gewesen wäre. Aber sie biss sich auf die Zunge.

»Dann morgen?«

Ihre Mutter seufzte und nahm ihr Buch. Das Seufzen klang nicht unfreundlich, eher resigniert. So eins, mit dem sie Leute abwimmelte, die überraschend an die Haustür klopften. »Wir werden sehen.«

Ihre Mutter wandte sich ihrem Buch zu, während Silver in dem dummen Kleid dastand, zu dem ihre Mutter nicht mal etwas gesagt hatte. Sie riss sich die Feder aus den Haaren. Wozu gab sie sich überhaupt Mühe? Sie rannte die Treppe hinunter, um genau das zu tun, was sie garantiert wieder fröhlicher machte.

Siebzehntes Kapitel

Die Lederschildkröte

Mit solch einer Energie wie heute war Silver noch nie auf einen Baum geklettert. Es war ihr egal, dass sie sich an der Rinde die nackten Schienbeine aufschrammte und mit einem Zweig das Auge so gut wie ausstach, sogar dass sie wegen einer Eidechse fast runtergefallen wäre. Sie war wild entschlossen, bis ganz nach oben zu klettern. Dorthin, wo niemand sie finden konnte.

Als sie sicher im Baumhaus angekommen war, rollte sie sich auf dem Holzboden zusammen. Hier oben war der Regenwald so vom Gesang der Vögel erfüllt, dass es klang wie der reinste Chor. Aber nicht einmal das konnte die Szene, die sich gerade abgespielt hatte, übertönen. Egal, was Silver tat, nie war es genug. Warum war sie nie genug?

Sie rieb sich die Tränen vom Gesicht. Nein. Jetzt nicht weinen. Wieder wischte sie die Tränen weg. Dann erstarrte sie. Da hatte etwas geraschelt. Nicht die Blätter. Heute war es völlig windstill – die Luft war dick und klebrig. Und das Geräusch war auch nicht aus den Bäumen gekommen, sondern von unten. War es Rafi? Nein. Der war bestimmt noch in der Schule.

Da, schon wieder. »Speedy?«

Unwahrscheinlich. Rafi versteckte Speedy meistens in seinem Rucksack und nahm ihn heimlich mit in die Schule. Aber man konnte nie wissen. Es wäre ja nicht das erste Mal, dass Speedy ausbüxte.

Silver kroch über den Boden, bis sie über den Rand des Baumhauses spähen konnte. Das raue Holz hinterließ Splitter in ihren Knien. Sie sah nichts als Blätter und Zweige und eine nervige Haarsträhne.

Da nahm sie etwas aus dem Augenwinkel wahr. Etwas Außergewöhnliches. Eine riesige Schildkröte.

Es war die größte Schildkröte, die sie je gesehen hatte. Sogar noch viel größer als Luna. So groß wie ein Findling. Und dieser Findling kam jetzt langsam über den Sand in ihre Richtung. Beim Gehen zog er mit einem schabenden Geräusch die Flossen hinter sich her.

Diese Schildkröte war nicht grün oder schildpattfarben. Sie war tintenblau mit kleinen weißen Punkten wie Sterne, die ihren ganzen Körper bedeckten, sogar die beiden großen Vorderflossen.

Silver stockte der Atem. »Eine Lederschildkröte.« Rafi hatte gesagt, schon seit fast zwei Jahren sei keine mehr am Schildkrötenstrand gesehen worden. Aber – Silver rieb sich die Augen – das hier war eindeutig eine Lederschildkröte. Sie war GIGANTISCH und hatte alle charakteristischen Kennzeichen. Vor allem erkannte Silver, dass sie keinen harten Knochenpanzer hatte wie die Schildkröten in der Rettungsstation. Ihr Panzer sah fast gummiartig aus.

»Ein lederartiger Rücken ...«

Mit Gewissensbissen erinnerte sie sich daran, wie sie Rafi ausgelacht hatte, als er den Namen zum ersten Mal erwähnt hatte. An dieser Schildkröte war überhaupt nichts Lächerliches. Sie war majestätisch. Und edel. Und zielstrebig.

Die Schildkröte blieb stehen, als ob sie spürte, dass sie beobachtet wurde. Ganz still verharrte sie auf dem Sand. Dann reckte sie den Kopf aus dem Panzer und peilte die Umgebung. Silver hielt den Atem an. Die Schildkröte ging weiter, Schritt für Schritt, bis sie unter dem Baum stehen blieb.

Mit den Flossen grub sie ein Loch in den Sand. Das dauerte eine ganze Weile. Schließlich hörte sie auf und hockte sich über das Loch. Silver hätte nicht gewusst, was da gerade passierte, wenn Rafi ihr nicht vorgeführt hätte, wie Schildkröten ihre Eier ablegten. Genau das tat die Lederschildkröte offenbar.

Silver konnte die Eier nicht sehen. Das war schwierig mit einer riesigen Schildkröte, die den Blick versperrte. Also kauerte sie sich anders hin – ihre Knie und Ellbogen waren schon wund – und schaute weiter zu.

Wie schade, dass Rafi das verpasste! Wieso schaute ausgerechnet sie zu, wie die Eier abgelegt wurden? Es kam ihr ungerecht vor. Aber er war nicht hier. Und allem Anschein nach auch niemand sonst. Wo war Ana? Wenn es um die Eiablage der Schildkröten ging, hatte sie einen sechsten Sinn und war eigentlich immer als Erste zur Stelle. José war ins Dorf gefahren und erledigte den wöchentlichen Einkauf. Oscar und die Freiwilligen waren bestimmt in der Rettungsstation beschäftigt.

Silver war die Einzige hier. Und sie würde alles tun, um die Schildkröte nicht zu stören. Die kostbarste, seltenste Schildkröte, die am meisten bedroht war.

Nervös biss sie sich auf die Lippe. Es war ein seltsames Gefühl, den Beginn des Lebens mitanzusehen.

Vor langer Zeit einmal hatte ihr eigenes Leben auch so begonnen. Natürlich war sie nicht als Schildkröte zur Welt gekommen. Und ihr Leben hatte auch nicht in einem Ei angefangen. (Das hätte auch ein sehr großes Ei sein müssen!) Aber der Prozess war der gleiche. Diese ewige, heilige Entfaltung. Tief drin, wo die Wahrheit wohnt, wusste Silver, dass die Schildkröte ihr die größte Ehre erwies, indem sie ihr erlaubte, in diesem Augenblick dabei zu sein.

Die Eiablage dauerte eine ganze Weile. Es war schwer zu schätzen, wie lange genau. Silver war so überstürzt aufgebrochen, dass sie ihre Uhr vergessen hatte. Na ja. Hier galten sowieso die Uhren des Dschungels. Nach fünfzehn Affenschreien, drei Märschen einer Armee Blattschneiderameisen über den Boden des Baumhauses und dem Kostümwechsel eines Chamäleons schien die Schildkröte fertig zu sein.

Es war nicht offensichtlich. Aber Silver hatte ihr so intensiv zugeschaut, dass sie die kleinste Veränderung wahrnahm. Es sah aus, als würde die Schildkröte sich kurz entspannen. Vom Prozess der Schöpfung abschalten, um wieder im Hier und Jetzt zu landen.

»Gut gemacht«, flüsterte Silver. »Gut gemacht, du kluges Tier.«

Denn es war klug, sich fortzupflanzen. Eine Schildkröte ließ sich natürlich nicht mit einem Menschen vergleichen, trotzdem bekam Silver in diesem Augenblick eine Ahnung davon, warum ihre Mutter sich so sehnlich eine zweite Chance wünschte. Vielleicht ging es nicht nur darum, ein zweites Kind zu bekommen. Vielleicht ging es auch darum, das hier zu erleben. Was auch immer es war. Das Gefühl, selbst Teil der Schöpfungskraft zu sein.

Als ob die Schildkröte ihre Gedanken spürte, hob sie den Kopf und schaute durch die Äste bis hinauf ins Baumhaus. Dorthin, wo ein merkwürdiges Mädchen mit Wuschelhaaren zurückschaute. Das Mädchen und die Schildkröte hielten dem Blick der anderen stand. Einem Blick, der zurückreichte bis in die Zeit der Dinosaurier.

Es war nicht nur ein Blick, es war auch eine Frage, von einem Lebewesen an ein anderes.

»Du willst, dass ich dir helfe?«

Die Schildkröte neigte ganz leicht den Kopf. So leicht, dass Silver es sich auch nur eingebildet haben könnte. Trotzdem nickte sie zurück.

»Das mache ich«, flüsterte sie. »Ich kümmere mich um deine Eier. Versprochen.«

Jede aussterbende Tierart war für das fragile Ökosystem der Erde ein Verlust. Silver hatte gelernt, dass die meisten Schildkröten sich von Quallen ernährten und dass es ohne die Schildkröten immer mehr Quallen geben würde. Kleine Schieflagen wie diese brachten das ganze Gefüge des Ozeans durcheinander. Aber es ging nicht nur um das Ökosystem.

Eine Tierart zu verlieren, und dann noch durch menschliche Einflussnahme, war fürchterliches Unrecht.

Die Schildkröte schaute immer noch nach oben. Dann blinzelte sie. Wandte den Kopf. Und krabbelte langsam über den Strand zurück zum Wasser. Silver ließ sie die ganze Zeit nicht aus den Augen. Irgendwo in der Nähe schrie ein Affe. Und das Chamäleon wechselte schon wieder die Farbe.

Die Schildkröte ließ sich ins Meer gleiten und wurde von der Brandung verschluckt. Silver sah sie immer noch, als dunklen Schatten unter der Wasseroberfläche, der immer weiter hinaus aufs Meer schwamm. Bis er schließlich verschwand.

Aber Silver blinzelte in die grelle Sonne und sah weiter hin.

Die Haare klebten ihr im Nacken. Langsam erhob sie

sich und entknotete alle Glieder, die so lange still verharrt hatten. Dann wischte sie sich ein bisschen angetrocknetes Blut von den Knien, kletterte vom Baum und rannte los, um Hilfe zu holen.

Achtzehntes Kapitel

Hilfe!

»RAFI!« Silver rannte durch das Lager und rief, so laut sie konnte. »RAFI!«

Die Schule war doch bestimmt schon aus, oder? Sie sah in der Unterkunft der Freiwilligen nach, aber da waren nur das Paar mittleren Alters aus Mumbai, das sie am ersten Tag gesehen hatte, und der Italiener Paolo, der gern dreckige Witze riss. Und sie musste es unbedingt als Erstes Rafi erzählen. Sie spähte sogar durchs Fenster in Anas Büro, aber durch die dicke Staubschicht konnte sie nichts erkennen.

Bei ihrem Vater konnte Rafi eigentlich kaum sein, zumal der beim Malen ja nicht gern gestört wurde. Aber viele Möglichkeiten blieben nicht mehr.

Keuchend und mit Seitenstechen platzte sie ins Atelier, wo ihr Vater auf einem wackligen Hocker aus Holz saß, den Kopf in den Händen vergraben. Auf der Staffelei vor ihm stand das Bild, das er gerade malte. Silver musste einen überraschten Aufschrei zurückhalten. Schroffe schwarze, senkrechte Linien verliefen über die Leinwand. Der Regenwald bot so schillernde Grüntöne, warum malte er ihn nicht in seinen natürlichen Farben? Doch für solche Kommentare hatte sie jetzt keine Zeit.

»Hast du Rafi gesehen?«, fragte sie atemlos.

»Nein, Schatz.« Er schaute müde zu Tickle, der auf der Leinwand saß und unheilvoll mit dem Schwanz peitschte. »Obwohl ich jetzt gerade, ehrlich gesagt, alles dafür geben würde, einen Mitmenschen zu sehen.«

Zur Antwort nahm Tickle einen Topf mit schwarzer Farbe und schwenkte ihn quer durchs Atelier.

»Nein!« Silvers Vater sprang auf und versuchte, dem Affen den Farbtopf zu entreißen. Farbe spritzte überallhin – sie landete auf seinem weißen T-Shirt, auf dem Fußboden und an der Decke. »Tickle! Gib die Farbe her. GIB DIE FARBE HER!«

Tickle kreischte auf, so wild und unbändig, dass es sich verdächtig nach Lachen anhörte. Das Gesicht ihres Vaters lief kirschrot an, seine Augen traten hervor.

»Versuch's mal in der Klinik!«, rief er. »Da hab ich Ana vor Kurzem hinlaufen sehen. Vielleicht ist er ja auch da.«

Während ihr Vater seinen Ringkampf mit Tickle fortsetzte, rettete Silver sich nach draußen. Obwohl es noch mitten am Nachmittag war, brannten in der Klinik die Lichter, und der Geruch nach Desinfektionsmittel schlug ihr schon zehn Meter vor dem Eingang entgegen.

Da die Tür zu war, zog sie sich an der Fensterbank hoch und schaute hinein.

Sie sah den Operationstisch, an dem auf einer Seite Ana stand, mit Mundschutz, Arztkittel und einer aufgezogenen Spritze in der Hand. Auf der anderen Seite des Tischs stand mit eifrigem, aber auch etwas ängstlichem Blick Oscar. Aber was lag auf dem Tisch?

Es war schwer zu erkennen. Jedenfalls keine Schildkröte. Dieses Tier hatte lange Beine und raues braunes Fell.

»Oh«, sagte Silver. »O nein.«

Als sie weiter um das Gebäude herumlief, sah sie Rafi draußen auf dem Boden sitzen, die Knie an die Brust gezogen. Er warf die ganze Zeit einen Tennisball auf die Erde und fing ihn wieder auf. In seinem Schoß zusammengerollt hockte Speedy. Ein Trinkfläschchen lag auf dem Boden, und das kleine Faultier hatte einen Milchbart.

»Oh, ich dachte schon … ich dachte, das da drinnen wär Speedy.«

Rafi stutzte beim Anblick von Silvers Kleid. »Es ist eine Faultiermutter, die mein Vater heute Mittag im Dorf gefunden hat«, sagte er dann. »Sie hat versucht, ihr Junges zu retten, und dabei an einer Stromleitung einen Schlag gekriegt.«

»Meinst du … sie kommen durch?«

»Das Junge nicht, nein. Und die Mutter …« Er warf den Tennisball hart auf den Boden. »Speedy ist ganz fertig. Es erinnert sie an das, was mit ihrer Mutter passiert ist.«

Die Tränenspuren in seinem Gesicht verrieten, dass nicht nur Speedy völlig fertig war. Rafi hatte seine Mutter bisher kaum erwähnt. Silver wusste bloß, dass sie Kanadierin war und die Familie verlassen hatte. Deshalb war José mit den beiden Söhnen nach Costa Rica zurückgekehrt. Es war ein heikles Thema.

»Ich weiß noch … als ich mal eine Notoperation hatte«, sagte Silver und setzte sich neben ihn an die Wand. »Ich war zu Hause von der Eiche gefallen und hab mir den Arm dreifach gebrochen. Ich hatte solche Angst, dass ich dachte, mein Herz springt mir aus der Brust.« Sie schwieg. Der Bruch hatte so wehgetan, dass sie die Erinnerung tief in sich vergraben hatte. Ein bisschen so, wie eine Schildkröte ihre Eier vergrub. »Aber guck, hier.« Sie wackelte mit dem Arm. »Alles wieder heil. Bestimmt wird das Faultier auch wieder gesund.«

Da erst fiel ihr wieder ein, weshalb sie hier war.

»Rafi?!« Sie setzte sich kerzengerade hin. »Ich muss dir was am Strand zeigen. Etwas sehr Wichtiges.«

»Jetzt?«

»Ja, jetzt. Wir können Speedy mitnehmen.«

Er sah sie zweifelnd an, deshalb sagte Silver leise: »Eine Lederschildkröte hat ihre Eier abgelegt. Direkt unter dem Baum.«

»Das kann nicht sein. Lederschildkröten wurden an diesem Strand ...«

»Schon seit fast zwei Jahren nicht mehr gesehen. Ja, ja, ich weiß!«, sagte sie ungeduldig. »Aber heute war eine da. Ich hab sie gesehen.«

»Das war wahrscheinlich eine Grüne Meeresschildkröte. Die kann man leicht verwechseln.«

»Es war keine Grüne Meeresschildkröte! Es war eine Lederschildkröte. Ich schwöre! Sie war riesig! So eine große hab ich noch nie gesehen, und sie hatte einen blauen, ledrigen Rücken mit weißen Sprenkeln. Direkt unter dem Baum hat sie ihre Eier abgelegt.« Silver hatte das Bild von der Schildkröte, die zu ihr hochgeschaut hatte, noch genau vor Augen. »Es war das Erstaunlichste, was ich je gesehen hab. Du hast recht, Rafi. Es war ... magisch.«

Etwas in ihrer Stimme ließ Rafi erstarren. Er rieb sich über das Gesicht. »Speedy. Was meinst du? Sagt sie die Wahrheit?«

Speedy legte den Kopf schief. Mit dem Milchklecks am Kinn war es schwierig, sie ganz ernst zu nehmen. Rafi jedoch schien ihr genau zuzuhören.

»Bist du dir sicher?« Er machte große Augen. »Absolut sicher?«

Was auch immer Speedy sagte (und Silver hörte keinen Ton), Rafi sprang auf und legte sich das kleine Faultier um den Hals.

»¡Vamos! Los, wir gehen.«

Neunzehntes Kapitel

Neues Leben

Die beiden rannten zum Strand. Zum Glück war er verlassen. Nichts regte sich bis auf die Wellen, die ans Ufer schlugen. Als Rafi die aufgewühlte Stelle im Sand sah, schnappte er nach Luft. Er nahm die Spuren, die zum Wasser führten, genau in Augenschein. Mit einem Maßband, das er für alle Fälle immer in der Tasche hatte, maß er alles aus, auch die Flossenspuren.

»¡*Por dicha!* Silver! Du hattest recht! Es kann nur eine Lederschildkröte gewesen sein!«

Vor Erleichterung stieß Silver innerlich einen lederschildkrötengroßen Seufzer aus.

»Hier drunter«, flüsterte sie und klopfte ehrfürchtig auf den Sand, »sind ein paar der allerseltensten Tiere der Welt.«

Vorsichtig nahm Rafi mit den Fingerspitzen die oberste Sandschicht ab.

»Was machst du da?«

»Ich gucke mal nach. Das ist in Ordnung!«, sagte er schnell, als er Silvers Gesichtsausdruck sah. Sie schaute ihn vielleicht eine Spur zu entsetzt an. »Wir müssen sie zählen.«

»Sollen wir nicht lieber auf Ana oder deinen Vater warten?« Silver nagte an ihrer Lippe. »Oder wenigstens deinen Bruder?«

Rafi versteifte sich und sah sie finster an. »Ich bin schon in der Lage, die Eier selbst zu zählen!«

»Na klar, weiß ich doch!«, versicherte Silver ihm. »Ich dachte nur, vielleicht warten wir lieber auf jemanden? Na ja, jemand Offiziellen?«

»Du hast recht.« Er stöhnte. »Aber … aber es kann doch nicht schaden, einen kurzen Blick reinzuwerfen? Ich passe auch auf, versprochen!«

Silver hockte sich neben ihn. Der Versuchung konnte sie unmöglich widerstehen.

Wie ein Archäologe, der vorsichtig lockere Erde wegfegt, um kostbare Juwelen auszugraben, nahm Rafi behutsam Sand ab, bis erstaunlich viele golfballgroße Eier in dem Loch zu sehen waren.

»So viele!«

»*Ay sí*. Wahrscheinlich ungefähr achtzig«, sagte Rafi. »Aber die sind nicht alle befruchtet. Siehst du die da ganz oben? Die eine etwas andere Farbe haben? Die sind leer. Wir wissen nicht, warum sie das machen, vielleicht, damit die Räuber, die kommen könnten, nicht die echten Eier klauen.«

Vorsichtig nahm Rafi die oberen Eier ab, und die befruchteten kamen zum Vorschein. Sie schimmerten ein kleines bisschen bläulich. Wie seltenes Porzellan. Sie sahen so aus, als gehörten sie in ein Museum.

Silver und Rafi stießen gleichzeitig einen tiefen Seufzer aus. Wortlos nahm sie seine Hand und hielt sie ganz fest. Sie war heiß und feucht, aber das war ihre Hand auch.

»*Pura vida*«, sagte Rafi staunend.

»Sollen wir eins in die Hand nehmen?«, flüsterte sie.

Rafi zögerte. »Nur ein einziges.«

Sie ließ ihn eins auswählen. Das war nur gerecht.

»Was meinst du, Speedy, welches Ei?« Das Faultier schien sich nicht zu rühren, doch Rafi nickte. »Ja, finde ich auch.«

Er streckte die Hand zur Mitte des Geleges aus. Seine Finger zitterten, und er biss sich auf die Unterlippe.

Langsam nahm er ein Ei von dem Stapel. Dann hielt er es in den Händen wie etwas sehr Kostbares und wirkte höchst zufrieden. Nach einer Weile reichte er das Ei ganz vorsichtig an Silver weiter.

»Jetzt du.«

Es war leichter als erwartet. Die Schale fühlte sich gummiartig an. Es war nicht so oval wie ein Hühnerei, und natürlich war es viel seltener.

Zittrig holte Silver Luft. Schließlich hielt sie den Druck nicht mehr aus, das Ei zu halten, ohne etwas Ungeschicktes zu machen und es womöglich fallen zu lassen. Vorsichtig legte sie es wieder zu den anderen in die Vertiefung.

»Sie hat sich einen guten Platz ausgesucht.« Rafi räusperte sich. »Weit genug weg vom Wasser und schön schattig.«

Schon ganz am Anfang hatte er ihr erklärt, dass die Sandtemperatur einen Einfluss darauf hatte, ob die kleine Schildkröte, die aus dem Ei schlüpfte, ein Weibchen oder ein Männchen wurde. War der Sand zu heiß, wurden die Schildkröten männlich. Deshalb stellte die weltweite Erwärmung für die Schildkröten ein großes Problem dar. Es wurden nicht mehr genug Weibchen geboren, um die Art zu erhalten.

»Diese Schildkröte«, sagte Rafi stolz, »wusste genau, was sie tat.« Dann markierte er die Niststelle mit einem Kreuz im Sand und notierte die genaue Lage.

»Wie lange dauert es, bis sie schlüpfen?«, fragte Silver, als er fertig war.

»Ungefähr sechzig Tage.«

»Sechzig Tage! Das sind ja … zwei ganze Monde!« Entsetzt sah sie Rafi an. »Das ist eine Ewigkeit!«

»Deshalb bringen wir sie ja auch zur Brutstätte«, sagte er. »Aus der Reichweite von Raubtieren oder Wilderern, damit die Eier ungestört bebrütet werden können.«

»Und was ist, wenn die Mutter zurückkommt? Um nach ihren Eiern zu sehen? Ist sie nicht traurig, wenn sie verschwunden sind?«

»Sie kommt nicht zurück.«

»Nie mehr?« Silver sah ihn entgeistert an. »Warum nicht?«

»Weil Schildkröten wilde Tiere sind. Sie sind nicht wie menschliche Mütter. Also, wie die meisten menschlichen Mütter.« Ein Schatten huschte über sein Gesicht. »Aber pass auf. Sie ist an diesen Strand zurückgekommen. An denselben Strand, an dem sie geboren wurde.

Sie ist die ganze Strecke bis hierher geschwommen, damit ihre Eier die beste Überlebenschance haben. Und dann werden ihre Kinder hoffentlich groß und machen genau das Gleiche!«

Silver betrachtete die Eier und dachte an das Versprechen, das sie der Schildkrötenmutter gegeben hatte. In diesem Moment wurde der Wunsch, die Eier zu beschützen, noch glühender. Sie war selbst überrascht.

»Deshalb ist das jetzt unsere Aufgabe«, sagte Rafi. »Wir müssen dafür sorgen, dass möglichst viele von ihnen überleben.«

Zwanzigstes Kapitel

Ein Wunder

»Ich lass dir Speedy hier, sie passt auf dich auf.« Rafi legte Silver das Faultier um den Hals. »Ah, und den nimmst du besser auch.« Er reichte ihr den selbst geschnitzten Speer aus dem Baumhaus. »Für alle Fälle.«

»Beeil dich!«, rief sie ihm nach, als er loslief, um die Erwachsenen zu holen.

Silver schaute sich nervös um. Zum tosenden Ozean und dann zum Regenwald in ihrem Rücken. Es war beängstigend, wie tief der Dschungel war – er reichte so weit in die Ferne, wie sie blicken konnte. Das Gelände der Rettungsstation war winzig im Vergleich zu der unendlich weiten Wildnis um sie herum.

Silver schluckte. Rafi hatte die Eier bedeckt, doch es gab viele Raubtiere, die durch den Dschungel streiften.

Nicht nur Jaguare. Auch Schlangen. Geier. Sogar Menschen.

Was sollte sie machen, wenn jetzt jemand auftauchte? Wie sollte sie sich mit einem Stock und einem Faultierbaby verteidigen? Sie war erst ein Mal in einen Kampf verwickelt gewesen. Und das zählte nicht so richtig, denn es war letztes Jahr beim Krippenspiel gewesen, da hatte der Esel ihr gegen das Schienbein getreten, und sie hatte zurückgetreten. Das hier war etwas ganz anderes.

Wenigstens war sie nicht allein. Es war das erste Mal, dass sie Speedy halten durfte. Das warme, kuschlige Gefühl um den Hals hatte etwas Beruhigendes. Speedy fühlte sich genauso an, wie Silver es sich vorgestellt hatte. Wie ein Kätzchen, das sich an ihr Schlüsselbein kuschelte. Speedys Atem strömte ihr leise ins Ohr und kitzelte sie warm auf der Haut.

Die Zeit verging lärmend. Und bei jedem Quaken, Affenschrei oder Geierruf schlug ihr das Herz bis zum Hals. Um sich zu beruhigen, hielt sie den Blick auf den Strand gerichtet. Die Freiwilligen gaben ihr Bestes, um die Schildkröten vor Gefahren zu beschützen, doch es war eine fast unmögliche Aufgabe. Ständig trieben die Wellen neue Gegenstände an: Treibholz, Muscheln, alte

Fischernetze, Plastikteile – all das konnte den kleinen Schildkröten zum Verhängnis werden. Noch schwieriger war es für sie, sich vor Fressfeinden zu schützen. Wie zum Beweis lagen nur ein paar Meter weiter eine zerbrochene Eierschale und die Überreste einer winzigen Grünen Meeresschildkröte.

Silver wurde ganz elend. Es war eine erschreckende Erkenntnis, dass der Beginn des Lebens so ein Kampf sein konnte. War das für ihre Mutter auch so gewesen? Zu wissen, dass jede Eizelle die ersten fragilen Ansätze eines menschlichen Wesens enthielt, und dann damit zu leben, dass es aus irgendeinem Grund keine von ihnen geschafft hatte.

Dies waren nicht nur Eier. Sie bargen das Leben.

Sanft strich Silver über den Sand. Wie merkwürdig. Zum ersten Mal war sie sich auf ganz seltsame Weise ihrer eigenen Existenz bewusst. Es war einfach ein Wunder. Nicht nur, dass sie hier am Strand saß, sondern die schlichte Tatsache, dass sie auf der Welt war. Sie lebte! Das hatte sie bisher immer für selbstverständlich genommen – so wie die Milch im Kühlschrank oder die Cornflakes im Schrank.

»Aber … ich bin hier«, flüsterte sie Speedy zu. »Ich hab's geschafft!«

Irgendetwas veränderte sich in ihrem Innern. Das waren schließlich keine alltäglichen Gedanken. So etwas lernte man nicht in der Schule. Diese Gedanken waren groß und erhaben. So gewaltig, dass sie kaum in Silvers Hirn passten. Denn vielleicht, ganz vielleicht war sie ja wertvoller, als sie bisher ahnte.

Sie hätte noch eine Weile so weiterdenken können, hätte sie nicht direkt hinter sich ein Knurren im Dschungel gehört. Ein sehr unheimliches, wildes Knurren, das nur von einem einzigen Tier stammen konnte.

Einem Jaguar.

Silver schluckte und umklammerte den Speer. Speedy krallte sich fest um ihren Hals.

Wieder knurrte es. Näher diesmal. So nah, dass sogar die Blätter bebten.

»Tja, Speedy«, sagte Silver ganz und gar nicht tapfer. »Es war wirklich schön, dich gekannt zu haben.«

In diesem Moment kam Ana über den Strand auf sie zu gerannt, gefolgt von Rafi, José und schließlich Oscar.

»Was guckst du so?« Keuchend blieb Rafi vor ihr stehen. »Du siehst ja aus, als wäre dir ein Gespenst begegnet.«

Silver zeigte in die Büsche. »J-J-Jaguar!«

Ana machte den Mund auf und schrie. Der Schrei

war schwer zu beschreiben, er lag irgendwo zwischen einem Elefantenbrüllen, einem hungrigen Eisbären und einem Vulkanausbruch. Er war so laut, dass Silver dachte, ihr Trommelfell müsse platzen.

»Das dürfte reichen«, sagte Ana und ließ sich neben den Schildkröteneiern auf die Knie sinken. »So. Dann lasst mal sehen.«

Oscar holte eine winzige Bürste aus der Hosentasche und fegte damit vorsichtig die oberste Sandschicht weg, bis das prächtige Gelege zum Vorschein kam. Obwohl Silver die Eier bereits gesehen hatte, sog sie scharf die Luft ein. Alle anderen ebenso.

Nach einem Augenblick der Stille richteten sich alle Blicke auf Ana. Niemand sagte etwas.

»Eier der Lederschildkröte«, sagte sie sehr zufrieden. »*Santa Maria*. Das nenne ich mal ein Wunder.«

Vorsichtig nahm Ana ein Ei nach dem anderen aus der Vertiefung heraus, während Oscar mitzählte. Es waren insgesamt vierundachtzig Eier, die unbefruchteten nicht mitgerechnet. Auf den ersten Blick sahen sie alle gleich aus, aber jetzt erkannte Silver kleine Unterschiede. So klein, dass man schon sehr genau hingucken musste, um sie zu bemerken.

Alle Eier wurden vorsichtig in einer stabilen, mit

Sackleinen ausgelegten Kiste verstaut. Neidvoll schaute Rafi zu Oscar, der damit beauftragt wurde, sie zu tragen. »Das ist ungerecht«, grollte er. »Immer darf er die guten Sachen machen!«

Als sie bei der Brutstätte ankamen, schloss Ana das Tor auf. Silver hatte den Raum noch nie betreten. Sie zählte mindestens zwanzig Stöcke, jeder einen halben Meter hoch, die aus der umzäunten Sandgrube ragten. Inzwischen wusste sie, dass die Stöcke die Stellen markierten, an denen Schildkröteneier vergraben waren. An jedem Stock hing ein handbeschriebenes Schild mit folgenden wichtigen Informationen:

1. Die Art der Schildkröte.
2. Die Anzahl der Schildkröteneier.
3. Das Datum, an dem die Eier am Strand entdeckt und in der Brutstätte sicher wieder vergraben worden waren.

Es gab eine grobe Ordnung: Etwa ein Drittel des Platzes nahmen die Eier der Grünen Meeresschildkröte ein, die in der Region am häufigsten vorkam. Dann gab es noch einige Stöcke für die Echte Karettschildkröte und eine Handvoll für die Unechte Karettschildkröte. In der hintersten Ecke war ein freier Platz für die seltenste Schildkröte von allen reserviert.

Ana ging zu der unberührten Sandfläche.

Die Neuigkeit über den Fund hatte sich schnell herumgesprochen, und eine kleine Gruppe Freiwilliger und Mitarbeiter gesellte sich zu ihnen. Paolo klatschte sogar Beifall, als Oscar die Kiste mit den Eiern auf den Sand stellte. Oscar schnappte sich einen Spaten und wollte schon graben, als Ana die Hand hob. Mit dem Spaten in der Luft hielt er inne.

»Fünkchen?«, sagte sie und wandte sich zu Silver. »Du hast sie gefunden. Es ist nur gerecht, wenn du das Loch gräbst.«

Rafi neben ihr machte große Augen, als wäre Silver soeben die größte Ehre der Welt zuteilgeworden. »¡Qué chiva! Cool!«

Leicht perplex reichte Oscar Silver den Spaten. Er war viel schwerer, als er aussah, und sie brauchte fast ihre ganze Kraft, um ihn festzuhalten. Unter den Blicken der anderen wurde sie unsicher und begann zu graben. Zum Glück war der Sand ganz locker, und es dauerte nicht lange, ein beachtliches Loch auszuheben.

Eines nach dem anderen legte Ana die Eier hinein,

dann bedeckte Oscar sie wieder mit Sand. José stellte einen Stock auf und beschriftete ihn.

Art: Lederschildkröte
Anzahl der Eier: 84
Datum: 28. März

»Jetzt warten wir ab«, sagte Ana. »Wir warten, bis sie schlüpfen.«

Einundzwanzigstes Kapitel

Warten, warten, warten

Weil kürzlich etwas weiter nördlich an der Küste Schildkröteneier gestohlen worden waren, kratzte Ana ein paar Gelder zusammen und stellte einen Wächter für die Brutstätte ein – den stämmigen Santiago aus dem nahe gelegenen Dorf. Es beruhigte Silver ein wenig, zu wissen, dass die Eier bewacht wurden.

In der folgenden Zeit besuchte sie die Brutstätte so oft wie möglich. Sobald der Dschungel morgens zum Leben erwachte, lief sie hin. Dann schaute sie mittags herein, nachdem sie José beim Reinigen der Schildkrötenaquarien geholfen hatte. Sogar abends ging sie noch mal vorbei, wenn die Sterne am Himmel funkelten.

Zugegeben, viel zu sehen gab es nicht. Sie hatte ja keinen Röntgenblick, mit dem sie in die Eier hätte hineinschauen und überprüfen können, wie die Schildkrötenbabys heranwuchsen. Jedes Mal, wenn sie vorbeiging, sah sie nur eine Sandfläche.

Andere hätten das vielleicht stinklangweilig gefunden. So wie vor der Waschmaschine zu sitzen oder einem der Bilder von Silvers Vater beim Trocknen zuzuschauen.

Doch für Silver war es unbeschreiblich. Jeder Tag brachte sie dem Tag näher, an dem die Schildkröten schlüpfen würden. Und darauf freute sie sich so sehr, vor allem auf den Moment, wenn sie die Schildkrötenbabys wieder in den Ozean setzen würden. Rafi hatte erzählt, dass man es bei Vollmond machte – in der Gegend auch Schildkrötenmond genannt – und dass es das faszinierendste Spektakel der Welt sei.

Silver war nicht die Einzige, die ungeduldig wartete. Mehr als einmal sah sie Ana mit sehnsüchtigem Blick auf den Sand schauen. Rafi kam auch jeden Tag, José schaute regelmäßig vorbei, ebenso Oscar, die Mitarbeiter und die Freiwilligen. Alle waren gleichermaßen gebannt. Die Einzigen, die kein besonderes Interesse zeigten, waren die beiden wichtigsten Menschen in Silvers Leben. Ihre Eltern.

Silver hatte ihnen schon vor längerer Zeit die Brutstätte gezeigt. Doch nach einem flüchtigen Blick über den Sand hatte ihr Vater auf die Uhr gesehen. Er hatte Sorge, mit seinen Bildern in Rückstand zu geraten. Natürlich gab er Tickle die Schuld, der ihn die ganze Zeit störte.

Silvers Mutter hatte lange stumm dagestanden. Dann hatte sie geschaudert. »Es erinnert mich an einen Friedhof.«

Zu Silvers Ärger hatte ihr Vater zugestimmt.

»Ich verstehe, was du meinst«, sagte er nachdenklich und knabberte an seinem Pinsel. »Das liegt an der ordentlichen Reihe von Schildern. Es sieht ein bisschen düster aus, wie eine Totenstätte.«

Entsetzt schaute Silver auf den Sand. Wie konnten sie so etwas sagen? Wahrscheinlich konnte ihr Vater, weil er wie besessen solche tristen, dunklen Bilder malte, etwas Helles nicht mal mehr erkennen, wenn er es direkt vor der Nase hatte! Und ihre Mutter musste als Tierärztin doch merken, dass dies ein heiliger Ort war!

»Das ist keine Totenstätte«, murmelte Silver leise. »Es ist eine Lebensstätte.«

Es war, als hätte sie ihre Eltern, indem sie sie hierhergeführt hatte, irgendwie aus der Fassung gebracht.

Fast ein ganzer Mondzyklus war vergangen, seit sie die Eier in der Brutstätte vergraben hatten, und Silver saß im Schatten der Sapote, die voll behangen war mit rauen, dunklen Früchten. Silver gab sich große Mühe, ein Perlenarmband zu knüpfen – das hatte eine der Freiwilligen ihr beigebracht –, als sie vor der Klinik etwas sah.

War das ihre Mutter, die da mit Ana stand? Ja. Sie zog ihre Fleecejacke enger um den Körper, obwohl die Sonne vom Himmel brannte, und war in ein Gespräch mit Ana vertieft. So sehr, dass die beiden niemanden um sich herum wahrnahmen. Hin und wieder machte Ana eine entschiedene Geste. Sie war einen Kopf kleiner, hatte jedoch eine Energie, die sogar Silvers Mutter einschüchterte.

Dann riss Ana die Tür zur Klinik weit auf. Ganz kurz erhaschte Silver einen Blick auf den Käfig mit der Faultiermutter, die den elektrischen Schlag erlitten hatte. Sie lag auf der Seite, ihr brauner Rücken zeigte zur Tür. Silvers Mutter schüttelte mehrmals den Kopf. Doch nach einem kurzen, heftigen Gespräch, das fast wie ein Streit aussah, nickte sie widerstrebend. Ana winkte sie hinein und machte die Tür hinter ihnen zu.

Silver schüttelte den Kopf und wunderte sich. Warum

wollte Ana unbedingt, dass ihre Mutter sich das Faultier ansah? Rafi sagte, die Faultiermutter sei körperlich außer Gefahr, jedoch deprimiert, weil sie ihr Baby verloren hatte. Silver hatte bisher nicht gewusst, dass es Depressionen bei Faultieren überhaupt gab, aber Rafi hatte beharrlich klargestellt, alle Tiere hätten Gefühle. Da wollte Silver gar nicht widersprechen. Aber was konnte ihre Mutter daran ändern? Sie betonte ja immer wieder, sie sei nicht zum Arbeiten hergekommen. Aber Silver hatte keine Zeit, weiter darüber nachzugrübeln.

Tickle rannte aus dem Atelier und schrie, was seine Affenlunge hergab. Er lief zum Rand des Dschungels und schleuderte unter heiserem Gebrüll einen schwarzen Farbtopf ins Gebüsch. Kurz darauf rannte Silvers Vater ihm nach und schrie, was seine Menschenlunge hergab.

»TICKLE! GIB SOFORT MEINE FARBE WIEDER HER!«

Als Silver nach einem Umweg über die Aquarien, wo sie Luna und die beiden Echten Karettschildkröten gefüttert hatte, nach Hause kam, lag ihre Mutter wieder in der Hängematte und schlief tief und fest.

Silver gähnte. Die Arbeit als Freiwillige war schwer

und körperlich anstrengend, und da die Regenzeit nahte, war es noch schwüler als sonst. Sie fühlte sich verschwitzt und schmutzig und sehnte sich nach einem großen Schluck Kokoswasser.

Gerade wollte sie in die Küche gehen, als sie sah, dass das Buch ihrer Mutter zu Boden gefallen war. Sie hob es auf, denn ihre Mutter konnte es nicht leiden, wenn der Buchrücken durchgebogen war. Auf den aufgeschlagenen Seiten waren überall Wasserflecken. Nein, das war bestimmt kein Wasser. Es sah ganz nach Tränen aus.

Sie versuchte zu lesen, was da stand. Irgendetwas über eine Frau, die sich in einem Tal verirrt hatte. Nichts besonders Trauriges. Wenn man sich verlaufen hatte, fragte man eben nach dem Weg. Aber wer kannte sich schon mit den Gedanken von Erwachsenen aus?

Als sie das Buch zuklappen wollte, landete ein wunderschöner blauer Schmetterling auf der Seite und ließ sich auf einem der Flecken nieder.

Rafi hatte ihr erzählt, dass in manchen Ländern Südamerikas Schmetterlinge Schildkrötentränen tranken, um sich mit Natrium zu versorgen. Vielleicht machte dieser Schmetterling das auch gerade. Hoffnungsvoll drückte Silver die Daumen und dann gleich noch die großen Zehen. Sie hatte sich damit abgefunden, dass sie ihre Mutter nicht aufheitern konnte. Aber vielleicht konnte der Schmetterling ihrer Mutter ja etwas von ihrem Schmerz nehmen, indem er von ihren Tränen trank.

Was auch immer der Schmetterling gemacht hatte, es wirkte. Am nächsten Tag stand Silvers Mutter als Erste auf und kochte Kaffee. Sie mixte für Silver zum Frühstück sogar einen Milchshake mit Schokostreuseln obendrauf. So was gab es sonst nur zum Geburtstag.

»Ich hab mich entschlossen, in der Rettungsstation zu helfen«, verkündete sie. Silver und ihr Vater sahen sie überrascht an. »Nur ein paar Stunden am Tag.« Darüber hatte sie gestern also mit Ana geredet!

»Du kümmerst dich um die Faultiermutter!«, quiekte Silver.

Ihre Mutter nickte. In ihren Augen war ein Leuchten, das Silver ewig nicht mehr gesehen hatte.

Silver hätte schon fast ihren Freudentanz aufgeführt – was sie nur zu ganz besonderen Anlässen tat –, als Rafi mit großem Gepolter die Treppe hochstürmte. Er war völlig außer Atem.

»D-d-die Eier!«, stieß er hervor. »Jemand hat versucht, die Eier zu stehlen!«

Zweiundzwanzigstes Kapitel

Ein Plan wird ausgebrütet

Rafi brauchte ganze zehn Minuten, bis er die Geschichte erzählt hatte. Und selbst dann war Silver sich nicht sicher, ob sie alles richtig verstanden hatte.

»Moment.« Rafi und sie standen sich im Baumhaus gegenüber. »Santiago, der Wächter, ist also aufs Klo gegangen, und als er zurückkam, war das Schloss aufgebrochen?«

Rafi lehnte am Tisch und atmete hastig. Speedy hing abenteuerlich um seinen Nacken. »Ich predige Papá schon seit Jahren, dass er endlich Überwachungskameras in der Brutstätte installieren soll!« Er stöhnte. »Aber er sagt, das ist zu teuer.«

»Und Santiago hat nicht gesehen, wer versucht hat einzubrechen?«

Rafi schüttelte den Kopf.

Erbittert trat Silver gegen einen der Baumstümpfe. »Aua.«

Sie war so wütend. Nicht auf Rafi. Sie war wütend auf denjenigen, der die Eier stehlen wollte. Und da sie keine Ahnung hatte, wer der Schuldige war, richtete sich ihre Wut gegen alles Mögliche.

Und obwohl sie es nicht zugab, hatte sie auch Angst. Wenn Santiago nun nicht rechtzeitig zurückgekommen wäre? Dann wären die Eier jetzt weg, und sie hätte ihr Versprechen gegenüber der Schildkrötenmutter gebrochen. Sie hätte nicht sagen können, warum, aber es kam ihr wichtiger denn je vor, das Versprechen zu halten.

Speedy, die zu spüren schien, dass Wut im Grunde nur ein Ausdruck von Traurigkeit war, schlang sich jetzt für ein paar Streicheleinheiten um Silvers Hals. Allerdings schwitzte Silver dadurch noch mehr als sowieso schon.

»Ehe wir voreilige Schlüsse ziehen, sollten wir mögliche Verdächtige ausschließen.« Silver dachte an die Krimis, die ihre Mutter gern las. »Gestern waren ziemlich viele Leute auf dem Gelände.«

Abgesehen von den Freiwilligen war der Lieferant da gewesen, der einmal im Monat mit Utensilien für die

Praxis kam, eine kleine Gruppe Lehrer war aus dem Dorf gekommen, um sich über Bildungsveranstaltungen zu informieren, und sogar ein Fischer aus der Region. Der Besuch des Fischers war sehr überraschend gewesen. Er hatte Ana fünfzig Eier einer Grünen Meeresschildkröte gebracht, die er am Stand gefunden hatte, und Geld dafür bekommen. Rafi hatte Silver erklärt, dass dieser Fischer (wie auch andere) die Eier früher auf dem Schwarzmarkt verkauft hätte. Die Fischer für die Eier zu bezahlen, war eine der Initiativen, die Ana ins Leben gerufen hatte. Sie sagte, man könne eine Praxis, die sich über die Jahre etabliert hatte, nicht einfach so beenden, schon gar nicht, wenn sie eine Einnahmequelle bot. Man müsse die Einnahmen ersetzen.

»Ich weiß, dass Gustavo früher mal Eier gestohlen hat. Aber das ist lange her. Ich … ich glaube nicht, dass er es war.«

»Und was ist mit den Freiwilligen?« Silver wusste, dass das nur eine wilde Vermutung war, aber was blieb ihr anderes übrig? »Jemand, der unter falschem Vorwand in die Rettungsstation gekommen ist und in Wirklichkeit nur die Eier verkaufen will?«

Rafi verzog das Gesicht. »¡Juepucha! Das wäre ja Betrug!«

»Wenn es um Geld geht, machen Menschen die verrücktesten Sachen. Mein Vater hat gesagt, je seltener etwas ist, desto wertvoller ist es auch.«

»Dann können wir ja niemanden ausschließen.« Rafi schaute Silver misstrauisch an.

»Was?! Du glaubst doch wohl nicht, dass ich die Eier klauen würde!«

»Du nicht. Aber … vielleicht jemand, der dir nahesteht …«

»Meine Eltern?«, sagte Silver. »Was sollen die denn mit Schildkröteneiern anfangen?«

»Du hast selbst gesagt, dass sie sich nicht für die Brutstätte interessieren.«

»Ja! Aber das hat doch damit nichts zu tun«, sagte sie aufgebracht. »Dann könntest du genauso gut Ana verdächtigen. Oder sogar deinen Vater und deinen Bruder.«

»Das ist ja absurd.«

»Genauso absurd, wie meine Eltern zu beschuldigen!«

Die beiden schauten sich wütend an, bis Speedy fiepste. Als niemand sie beachtete, biss sie Silver ins Ohrläppchen.

»AUA!«

»Schon gut, Speedy«, sagte Rafi. »Lass das mal.«

Silver rieb sich das Ohr. »Was sollte das denn jetzt?«

»Faultiere sind sehr sensible Geschöpfe. Sie erträgt es nicht, wenn wir uns streiten.«

»Sie hat recht«, sagte Silver. »Das bringt nichts. Lass uns lieber herausfinden, wer der Dieb ist!« Sie kratzte an einem Mückenstich an ihrer Wange. »Vielleicht ein Wilderer, der sich aufs Gelände geschlichen hat. Das ist in der anderen Rettungsstation ja auch passiert, oder? Wenn jemand mitgekriegt hat, dass wir hier Lederschildkröteneier haben, und extra deswegen ...«

»Aber Ana hat allen eingeschärft, niemandem davon zu erzählen!«

»Dann war es entweder ein Zufallstreffer, oder jemand hat gequatscht.« Während Rafi in dem kleinen Baumhaus auf und ab ging, kam ihr ein schrecklicher Gedanke. Wenn die Wilderer nun zurückkämen?

Speedy fiepste, löste sich von Silvers Hals, sprang auf den Tisch und stieß etwas um.

»Was ist das?« Silver hob es auf.

»Ach, nichts«, murmelte Rafi und wurde knallrot. »Nur etwas Blödes, woran ich bastele.«

»Nach nichts sieht es aber nicht aus.« Silver nahm es genauer in Augenschein. »Ist das ein Ei?«

»Kein echtes«, sagte er. »Es ist eine Attrappe. Eine der Freiwilligen im letzten Jahr war Bildhauerin – sie hat solche Eier gemacht und als Souvenirs verkauft.«

»Und?«

»Ich hab da was im Internet gesehen«, erklärte er. »In den USA lebt ein Mädchen ... Marina. Sie betreibt einen Kanal, in dem sie von Walen und ihren Wanderrouten erzählt. Das ist echt spannend. Sie teilt ihr ganzes Wissen über Wale. Manchmal macht noch ihr Freund mit, Rio ... und stell dir vor, der kann Grauwale hören!«

Silver zog fragend eine Augenbraue hoch. Das war ja alles ganz faszinierend, aber was hatte es mit einer Ei-Attrappe zu tun?

»*Bueno*«, sagte Rafi und erzählte schnell weiter. »Sie kamen auf die Idee, die Grauwale mit einem Unterwasser-Tracker zu verfolgen, den man ihnen auf die Haut setzt. Nicht größer als eine Batterie, und es tut ihnen nicht weh. Aber solch einen Tracker könnte man für alles Mögliche benutzen. Sogar für etwas so Kleines wie ein ...«

»Ein Schildkrötenei!«

»*¡Exactamente!* Man versteckt den Tracker in so einer Attrappe, und FALLS dann jemand die Eier stehlen würde, hätten wir eine Möglichkeit, sie wiederzufinden.«

Silver gab Rafi ein High five. »Aber das ist überhaupt nicht blöd ... das ist genial!«

»Findest du?« Wieder wurde er rot. »Oscar hat gesagt, es ist eine dämliche Idee.«

»Oscar ist zwar dein großer Bruder, aber das heißt nicht, dass er immer recht hat.«

»Ich ... ich hab sogar versucht, aus alten Walkie-Talkie-Teilen und einer Batterie selber einen Tracker zu bauen.« Er sah sie verlegen an. »Hat aber nicht geklappt.«

Ah! Daran hatte er also gebastelt, als sie zum ersten Mal mit ihm ins Baumhaus geklettert war.

»Na ja. Jetzt hab ich einen Tracker bestellt, aber die Sache hat einen Haken.« Rafi streichelte Speedys Pfote. »Die ganze Post der Rettungsstation geht direkt an Ana.«

»Wo ist das Problem?«

»Das wirst du schon sehen.«

Dreiundzwanzigstes Kapitel

Ana

Genau vier Minuten und dreiunddreißig Sekunden später standen Rafi, Silver und Speedy vor der Tür von Anas Büro. Rafi klopfte an.

»¡*Pase adelante!* Herein.«

Silver atmete einmal tief die Dschungelluft ein, um Mut zu schöpfen, dann öffnete sie die Tür.

Sofort sah sie das Problem. Der Raum war nicht größer als das Atelier ihres Vaters zu Hause, und während sein Atelier übersät war von Kunstobjekten, war dieser Raum bis obenhin vollgestopft mit verschiedenen Fundstücken, die Ana offenbar von ihren Reisen mitgebracht hatte. Jeder Zentimeter in den Regalen war vollgestellt mit gerahmten Fotos, zerlesenen Büchern, dazu eine kunterbunte Sammlung von Tierskulpturen aus Treibholz. Auf dem gewaltigen Mahagonischreibtisch lagen zerknickte Briefumschläge, eine Packung kubanischer Zigarren und eine aufgeschlagene Zeitung, in der jemand einen Artikel mit einem Foto von Schildkrötenbabys eingekringelt hatte.

Plötzlich kam Ana mit finsterer Miene unter dem Schreibtisch hervor. In einer Hand hielt sie eine Rechnung, die aussah wie eine letzte Mahnung. Gleich nach ihr tauchte knurrend Morder auf, und Silver machte erschrocken einen Satz zurück.

Wütend schaute Ana auf die Zeitung und warf sie dann in einen überquellenden Papierkorb. »Zu viele Diebe heutzutage.«

Rafi öffnete den Mund, um etwas zu sagen, doch Ana hob die Hand. »Ich weiß, warum ihr gekommen seid.«

»Ja?«, fragte Silver. Wie konnte das sein? Sie hatten sich den Plan doch gerade erst ausgedacht.

»*Quiero un momento a solas con la chica*«, sagte Ana zu Rafi.

Siver sah ihn verwirrt an, und er zuckte die Achseln. »Sie möchte kurz mit dir allein sein«, übersetzte er.

»Mit mir?«, fragte Silver.

»Ja, mit dir.« Ana schaute Silver an, und ihre braunen

Augen funkelten.»Im Gegensatz zu Rafi rede ich für gewöhnlich nicht mit Faultieren. Jedenfalls noch nicht.«
Rafi räusperte sich, legte Speedy fester um seinen Hals und verließ dann rückwärts den Raum. Als die Tür ins Schloss fiel, lag ein bedeutungsschweres Schweigen im Raum.

Unsicher schaute Silver sich um. *¡Juepucha!* Vor Schreck fiel sie fast in Ohnmacht. Über Anas Kopf saß eine riesige Spinne – bestimmt so groß wie Silvers Hand. Sie saß an der Decke und putzte sich anscheinend die Mundwerkzeuge. Silver schauderte.

»Du bist wegen deiner Mutter hier.«

»Wegen meiner Mutter?« Sie schaute Ana überrascht an. »Aber ...«

Ana nahm eine Zigarre aus der Schachtel, steckte sie in den Mund, ohne sie anzuzünden, und blies Fantasierauch aus. »Das beruhigt mich«, sagte sie, als sie Silvers entgeisterte Miene sah.

»Verstehe«, sagte Silver, obwohl sie überhaupt nichts verstand.

»*Bueno*. Ich will dir eine Geschichte erzählen«, sagte Ana. »Und diese Geschichte erzähle ich nicht jedem, verstehst du? Aber du hast die Eier der Lederschildkröte gefunden, deshalb hast du es verdient, sie zu hören.«

Silver wollte etwas sagen, doch da fletschte Morder die Zähne, also hielt sie lieber den Mund.

»Ich habe keine Kinder«, sagte Ana, legte die Füße auf den Tisch und lehnte sich mit einem Seufzer zurück. »Ich wollte welche, aber es ist nicht passiert.« Silver sah Ana neugierig an. Mit einer solchen Geschichte hatte sie nicht gerechnet. Sie spitzte die Ohren.

»Weißt du, Frauen wie ich – wir reden selten über solche Sachen. Wir machen unermüdlich weiter, beißen die Zähne zusammen und lassen uns nichts anmerken. *Como si no fuera nada.* Als ob nichts wäre.«

Silver nickte. Ihre Mutter hatte auch niemandem auf der Arbeit von der Sache mit dem Baby erzählt, und Silver hatte sich oft gefragt, warum nicht. Vielleicht, weil sie lieber stark und unerschütterlich dastehen wollte, eine Frau, die alles schafft. Alles – außer ein zweites Kind zu bekommen.

»Deine Mutter«, sagte Ana in weicherem Ton. »Ich habe es vom ersten Moment an gewusst. Man sieht es in ihren Augen.«

Die Spinne hatte sich von der Decke heruntergelassen und baumelte jetzt an einem unsichtbaren Faden über dem Schreibtisch. Silver spürte, wie ihr der Schweiß den Rücken hinuntertröpfelte.

»Weißt du, Fünkchen, es ist nicht leicht, wenn das Leben dich auf einen anderen Weg schubst«, fuhr Ana fort. »Aber weißt du, was dann das Schlimmste ist, was man tun kann?«

»Äh ...«

»Verbittert werden. Guck mich an.« Ana zog wieder an ihrer nicht brennenden Zigarre. »Ich hätte wegbleiben können – jahrelang um die Welt reisen. Aber wozu wäre das gut gewesen? Zu gar nichts. Was hab ich also getan? Ich hab die Ananas genommen und Limonade daraus gemacht.«

»Geht der Spruch nicht mit Zitronen?« Ängstlich beobachtete Silver die Spinne, die sich immer weiter herabließ und schon fast Anas Kopf erreicht hatte.

»Der funktioniert aber nicht, wenn man Zitronen mag.« Sie zwinkerte ihr zu. »Man denkt, ein Leben ohne Kind ist unmöglich. Falsch. Es gibt so viel Leben! Man braucht nur ein bisschen mehr Fantasie, um es zu finden, das ist alles. Ah, wen haben wir denn da? Xavier. Oder Xavi, wie er gern genannt wird.«

Die Spinne landete auf dem Schreibtisch und kauerte sich in einen leeren Aschenbecher. Ana schwieg kurz, um sie zu bewundern.

»Das Leben ist Schöpfung. Hörst du, Fünkchen? Das

Leben IST Schöpfung. Und die Schöpfung zeigt sich auf vielfältige Weise.« Sie schwang die Füße vom Tisch, beugte sich vor und sah Silver eindringlich an. »Alle sagen, ich hätte die Schildkröten gerettet, aber so sehe ich es nicht. Die Schildkröten haben mich gerettet. Manche Leute haben Kinder, andere haben Schildkröten. Und ich? Ich war immer für die Schildkröten bestimmt.«

Unter Silvers staunendem Blick kramte Ana in einer Schreibtischschublade und brachte ein kleines, in braunes Papier eingewickeltes Päckchen zum Vorschein. Ohne draufzugucken, warf sie es ihr gekonnt zu. Gerade noch rechtzeitig schalteten sich Silvers Reflexe ein.

»Für Rafi.«

Silver hatte es die Sprache verschlagen. Sie konnte nur noch das Päckchen ans Herz drücken.

»Einen Rat noch«, sagte Ana, während die Spinne wieder zur Decke emporkrabbelte. »Man webt sich immer genau das Leben, das man haben will. Hörst du? Genau das Leben, das man haben will.«

Vierundzwanzigstes Kapitel

Ein täuschend echtes Ei

Gut verborgen hinter einer ihrer Lieblingspflanzen auf dem Gelände der Rettungsstation – einem Busch mit auffälligen Tigerstreifenblättern –, überreichte Silver Rafi das Päckchen. Er riss das Papier ab, und ein batterieartiges Ding kam zum Vorschein, nicht größer als die Kuppe seines Daumens.

»¡*Qué chiva!* Der Tracker. Den verstecken wir in unserer Attrappe. Er ist nicht so stark wie der Tracker, den sie für die Wale benutzen, aber mehr konnte ich mir nicht leisten.« Dann holte er einen größeren Gegenstand heraus, etwa so groß wie ein Handy. »Das ist bestimmt das Ding, mit dem wir ihn überwachen. Ich frage mich, wie es funktioniert.«

»Es gibt nur eine Möglichkeit, das rauszufinden«,

sagte Silver und nahm Rafi den Tracker aus der Hand. »Wir probieren es aus.«

Während Rafi sich die Augen zuhielt, lief Silver los und suchte sich ein Versteck. Aber wo? Wenn sie sichergehen wollte, dass der Tracker funktionierte, mussten sie ihn ernsthaft testen.

Ah! Sie wusste ein perfektes Versteck. Sie lief in das Medikamentenlager, wo zum Glück niemand war, und verbarg sich hinter einem der abgeschlossenen Stahlschränke, in denen Tabletten, Säfte, Salben und Tinkturen gegen verschiedene Leiden der Tiere aufbewahrt wurden. Dort wartete sie – hoffentlich nicht allzu lange, denn es war ein bisschen klaustrophobisch hier drin.

Und es roch nach Schildkrötenkacke.

In ihrem Versteck hörte sie die alltäglichen Geräusche der Rettungsstation um sich herum. Nicht nur das Krächzen und Schreien der Tiere, auch die Geräusche der Menschen.

José, wie er herzhaft aus dem Bauch heraus lachte.

Bonito, der ein spanisches Schimpfwort rief.

Das vertraute Lachen von Paolo, dem italienischen Freiwilligen, der mit seinem besten Freund scherzte.

Und dann …

»HATSCHI!«

Dieses Niesen hätte sie überall erkannt. Ihr Vater war auf dem Weg ins Atelier wohl gerade am Medikamentenlager vorbeigekommen.

»Na gut, Tickle«, sagte er. »Du hast gewonnen. Ich muss zugeben, früher war Krokodilgrün mal eine meiner Lieblingsfarben.«

Obwohl es so fürchterlich stank, grinste Silver in der Dunkelheit. Krokodilgrün war die allerbeste Farbe. Wie der Name schon sagte, leuchtete es wie ein Krokodil. Es war eine der wesentlichen Farben in *Waldabenteuer* und in den Bildern, die ihr Vater früher immer für sie gemalt hatte. Vielleicht fing er jetzt endlich mal an, den Dschungel so zu malen, wie er wirklich aussah.

Als seine Stimme verklungen war, wartete Silver voller Hoffnung, dass der Tracker das Wunder vollbrachte. Sie zählte fast bis hundert, als plötzlich die Tür aufging und einen Schritt später Rafis Gesicht über dem Arzneischrank auftauchte.

»Er funktioniert!«

Mit viel Geschick und Bastelei gelang es Rafi, den Tracker in dem falschen Schildkrötenei zu verstecken. Dort, wo es zusammengesetzt war, war nur eine ganz feine Linie zu sehen.

»So«, verkündete er. »Im Dunkeln fällt das nicht weiter auf. Schon gar nicht, wenn jemand es eilig hat.«

Der zweite Teil des Plans war schwieriger, denn Ana hatte Anweisung gegeben, die Brutstätte niemals unbewacht zu lassen. Irgendwie mussten sie die Attrappe bei den anderen Lederschildkröteneiern verbuddeln.

»Wir müssen es einfach am helllichten Tag machen«, sagte Silver. »Zu Santiago sagen wir, dass wir nach den Eiern sehen. Was ja nicht mal gelogen ist.«

Genau so machten sie es. Sie sagten zu Santiago, sie wollten unbedingt noch mal nach den Eiern sehen, um sicherzugehen, dass sie unversehrt waren. Santiago öffnete ihnen die Brutstätte, die mit einem brandneuen Schloss versehen war, und ließ sie hinein.

Die Eier sahen genauso aus wie beim letzten Mal. Äußerlich waren sie unverändert. Aber innen drin hatte sich natürlich jede Menge getan. Die Schildkrötenbabys wuchsen. Schon bald würden sie einen kleinen Höcker auf dem Maul haben, ähnlich einem Haken, mit dem sie das Ei von innen aufbrechen konnten. In jedem einzelnen Ei verbarg sich ein Herzschlag.

Während Rafi Santiago mit einer seiner liebsten Geschichten über Schildkröten ablenkte – dass die Embryos ihren Herzschlag aneinander anpassen, sodass sie ungefähr gleichzeitig schlüpfen –, versteckte Silver das falsche Ei sorgfältig bei den anderen.

»Jetzt kann euch nichts mehr passieren, ihr Kleinen«, flüsterte sie.

Nach einem letzten Blick auf die Eier schüttete sie alles wieder zu und ging mit Rafi zum Strand.

Während die Flut an ihren Zehen leckte, beobachtete Silver einen Krebs, der aus dem nassen Sand auftauchte und sich neugierig umschaute. Rafi reichte ihr eine Passionsfrucht und wischte sich das saftbekleckerte Kinn ab.

»Hoffentlich klaut keiner die Eier. Aber wenn doch … dann sind wir wenigstens vorbereitet.«

»Keiner soll es wagen, sie zu stehlen!« Silver spuckte ein paar Kerne aus.

Rafi stimmte ihr zu, dann runzelte er die Stirn und sah sie fragend von der Seite an. Unter seinem Blick wurde ihr mulmig zumute.

»Was wollte Ana eigentlich von dir?«

Fünfundzwanzigstes Kapitel

Freunde fürs Leben

»Ach, nichts«, murmelte Silver. Sie wischte sich die Hände, die klebrig waren von der Passionsfrucht, an ihrer Shorts ab. Doch Rafi gab sich mit ihrer Antwort ganz offensichtlich nicht zufrieden, und sie seufzte. »Jedenfalls nichts, was dich interessieren würde.«

»Warum sagst du das?« Er wischte sich die Hände an seinem allgegenwärtigen Faultier ab. »Sie ist unsere Freundin, oder, Speedy? Ich weiß ja nicht, wie es da ist, wo du herkommst, aber hier im Regenwald interessieren wir uns für unsere Freunde.«

Vielleicht war es die Erinnerung an zu Hause, denn auf einmal hatte Silver einen riesigen Kloß im Hals. Als ob Speedy ihre Traurigkeit spürte, kletterte sie auf ihren Schoß und legte eine Pfote um Silvers Hand.

Der sanfte Herzschlag des Faultiers war warm und tröstlich.

»Du kannst es uns erzählen«, sagte Rafi. »Wenn es darum geht, ein Geheimnis zu bewahren, bin ich der Beste.«

Silver dachte daran, wie Rafi die ASR und die verdeckte Patrouille ins Leben gerufen hatte. Er war wirklich ein sehr begabter Geheimnishüter.

»Du hast ja einen Bruder, Oscar«, begann sie und kraulte Speedy hinter den Ohren, wo ihr Fell ganz weich und flauschig war. »Tja, ich hab keine Geschwister. Aber … nicht, weil meine Eltern es so wollten.«

Rafi hörte genauso ehrfürchtig zu, wie er Speedy zuhörte, wenn sie zu ihm sprach. Als könnte er Sachen hören, die nicht ausgesprochen wurden.

»Jahrelang haben sie es immer wieder probiert. Aber bei Menschen ist das nicht immer so einfach. Meine Mutter ist keine Schildkröte. Sie kann nicht zig Eier legen.«

Silver verstummte und dachte an die kurze Freude, die in ihre Familie geströmt war, als ihr Vater damals das Kinderzimmer angemalt hatte. So wie die Sonne durchs Blätterdach strömte und warme goldene Flecken auf den Waldboden warf.

»Die vielen Jahre des Hoffens und der Enttäuschung … das ist wohl zu viel für meine Mutter geworden.«

»Genau wie bei der Faultiermutter.« Rafi nickte weise, als würde sich in seinem Kopf ein Puzzle zusammenfügen.

Auch für Silver fügte sich alles zusammen. Wollte Ana das Faultier deshalb ihrer Mutter unbedingt zeigen? Weil die beiden etwas gemeinsam hatten? Etwas, das traurige Mütter miteinander verband?

Speedy kuschelte sich näher an Silvers Bauch. Es gab noch so vieles, was Silver hätte sagen können. Aber auch wenn sie Rafi vertraute, wie sollte sie den Gefühlswirrwarr in Worte fassen, in den sie der Wunsch ihrer Eltern nach einem weiteren Kind stürzte? Dass sie sich, obwohl sie wusste, dass ihre Eltern sie lieb hatten, manchmal vorkam wie zweite Wahl im Vergleich zu einem Kind, das nicht mal auf der Welt war? Selbst in ihren eigenen Gedanken hörte sich das verkehrt an.

»Ich würde einfach … ich würde meinen Eltern einfach gern genügen, das ist alles.«

Rafi antwortete nicht. Vielleicht dachte er jetzt, wie gemein und egoistisch sie war. Silver blinzelte in die glühende Sonne. Das grelle Licht war schuld daran, dass ihre Augen tränten, sonst nichts.

»Das verstehe ich«, sagte Rafi schließlich.

»Echt?« Silver sah ihn überrascht an.

»Weißt du, wie schwer es ist, immer der kleine Bruder zu sein?« Er zog die dunklen Brauen zusammen. »Es ist so ungerecht, dass Oscar in der Rettungsstation immer die coolen Aufgaben machen darf.«

Silver hielt Speedys Pfote so fest, dass die Krallen Abdrücke in ihrer Haut hinterließen. »Es ist normal, solche Gefühle für einen großen Bruder zu haben«, sagte sie. »Aber ich bin nicht eifersüchtig auf dieses andere Kind. Wie auch? Es ist ja nicht mal da!«

Sie stieß einen tiefen Seufzer aus. Diese verworrenen Gedanken machten sie immer nur unglücklich.

Sie schwiegen beide, nur die tosende Brandung war zu hören und gelegentlich der Schrei eines Brüllaffen.

Schließlich nahm Rafi eine andere von Speedys Pfoten und streichelte sie sanft.

»*De verdad*, ehrlich, du hättest Speedy sehen sollen, als ich sie gefunden habe ...« Er nagte an der Unterlippe und suchte nach den passenden Worten. »Sie hat ihren Ast so fest umklammert, als hätte sie Panik, loszulassen. Ich musste ihr ewig lange ganz, ganz lieb zureden, bis sie mir endlich vertraut hat. Und guck sie dir jetzt an. Wie sie sich verändert hat. Wie gut es ihr geht.«

Als wüsste Speedy, dass er über sie sprach, schaute sie ihn mit ihren großen braunen Augen vertrauensvoll an. Es war schwer zu erkennen, ob sie lächelte – Faultiere verändern ihren Gesichtsausdruck nicht so sehr –, aber es sah ganz danach aus.

»Und ... und sie erinnert mich an dich.«

»Ich erinnere dich an ein Faultier?« Gegen ihren Willen musste Silver lachen. Sie schreckte einen Schwarm Sittiche auf, die von ihrer Palme flatterten wie Regenbogensplitter.

»Es ist nichts Schlechtes, mit einem Faultier verglichen zu werden. Sie sind unglaublich kluge und anmutige Tiere.«

»Das klingt aber nicht nach mir!« Silver setzte ihre Basecap verkehrt herum auf. »Was meinst du damit?«

»Als du hierherkamst, hast du dich genauso festgeklammert wie Speedy. Natürlich nicht an einem Baum«, fügte er hinzu, als Silver ihm ins Wort fallen wollte. »Aber du hast dein wahres Wesen verborgen. *Pura vida.* Spürst du das nicht? Der Dschungel hat dich verändert. Er hat dich befreit.«

Verwirrt schüttelte sie den Kopf.

»Was ich sagen will« – Rafi machte eine weite Geste über den wilden Regenwald –: »Du gehörst hierher.«

Sechsundzwanzigstes Kapitel

Der Sturm

Ein paar Tage später lag Silver abends auf ihrem Bett und dachte immer noch über Rafis Worte nach. Sie hatte natürlich gemerkt, dass sie durch das Leben im Dschungel tatsächlich lockerer geworden war. Zum Beispiel guckte sie sich nicht mehr ständig nach Spinnen um, und es machte ihr auch nicht mehr so viel aus, dass ihre Haare eine krause Mähne waren, mit der sie jede Vogelscheuche in den Schatten gestellt hätte. Doch genauso, wie der Mond heute nur halb zu sehen war, blieb auch ein Teil der Wahrheit verborgen. Es gab immer noch vieles, was sie fest in ihrem Herzen verschlossen hielt. Sie hatte ihren Eltern weder von den heimlichen Patrouillen erzählt noch, dass sie Mitglied in der Agentur für Schildkrötenrettung war. Ihre Eltern hatten noch nie etwas von dem Baumhaus gehört, zu dem Silver jetzt so mühelos hinaufklettern konnte wie auf die Eiche zu Hause. (Allerdings wären sie davon auch nicht begeistert gewesen.) Und vor allem hatte sie ihnen, weil sie so enttäuschend auf die Brutstätte reagiert hatten, nichts von den Eiern der Lederschildkröte erzählt. Es war eindeutig, dass sie sich aus irgendeinem Grund nicht besonders für die Schildkröten interessierten.

Manchmal war sie ganz nah dran, davon anzufangen – die Worte wollten unbedingt raus. Vielleicht konnte sie es noch mal versuchen? Heute funkelten die Sterne besonders hell, und ihre Eltern hatten bessere Laune als sonst. Ihre Mutter freute sich über die Fortschritte des Faultiers – es hatte heute eine große Handvoll junger Blätter gefressen –, und ihr Vater kam mit seinen Bildern auch endlich gut voran.

Die beiden saßen zusammen auf der Veranda und aßen Empanadas. Ja. Jetzt würde sie ihnen erzählen, wie sehr ihr die Eier am Herzen lagen. Wie wertvoll das Leben aller Schildkröten war, vor allem jedoch das der seltenen Lederschildkröten. Vielleicht konnte sie ihnen sogar erzählen, dass Rafi und sie sich einen schlauen Plan ausgedacht hatten, um die Eier zu beschützen.

Vielleicht waren ihre Eltern dann ja sogar stolz auf sie. *Sí.* Heute musste sie es ihnen sagen.

Silver sprang aus dem Bett, machte die Tür auf und blieb stehen. Ihre Eltern waren über den Tisch gebeugt, so nah, dass ihre Nasen sich fast berührten. So hatte Silver sie schon lange nicht mehr beieinander gesehen, und ihr Herz machte einen kleinen Hüpfer.

»Alles okay?« Ihre Mutter schaute lächelnd hoch. »Es ist heiß heute Abend. Sogar die Tiere sind unruhig.«

Tatsächlich stand Silver der Schweiß auf der Stirn. Jetzt war die Regenzeit da, und heute Abend war die Luft besonders feucht. Alles war stickig und träge. Jedenfalls alles außer den Mücken.

Ihre Eltern sahen sie erwartungsvoll an, es war also der perfekte Moment, offen zu reden. Ihnen zu erzählen, wie wundervoll ein Strandspaziergang beim Rollädenrunter war, wie faszinierend, einer Schildkröte bei der Eiablage zuzuschauen. Dass die Luft des Dschungels ihre Lunge erfüllte und ihr ein Gefühl gab, das sie schon so lange nicht mehr gehabt hatte.

Dass sie hier ganz sie selbst war.

Doch da nieste ihr Vater lautstark. »Ups. Ich hab wohl ein paar Haare von Tickle auf dem T-Shirt.«

Und der Moment war vorüber.

Silver wachte von einem Klopfen auf. Es war nicht ihr vertrauter Herzschlag, sondern das rhythmische Trommeln von Regen auf dem Dach. Durch einen Spalt im Dachfenster landete ein Regentropfen mit einem Platsch auf ihrem Gesicht. Dann noch einer. Gleich darauf zuckte ein Blitz über den Himmel. Sekunden später hörte sie einen krachenden Donnerschlag und eine panische Stimme. War das José?

Silver sah auf die Uhr. Nach Mitternacht.

Wieder ein Donner, noch lauter jetzt. Sie taumelte aus dem Bett, zog sich die erstbesten Klamotten über und schlüpfte in ihre Schuhe.

Ihre Eltern waren schneller. Sie standen schon auf der Veranda, die Regenjacken bis weit über das Kinn zugezogen. Der Regen schoss so heftig aus den Dachrinnen, dass er einen undurchdringlichen Vorhang bildete, der sie von der Außenwelt abschirmte.

»Was ist los?!« Verzweifelt schaute Silver vom einen zum anderen.

»Die Klinik!«, rief ihr Vater über den tosenden Regen hinweg. »Der Blitz hat eingeschlagen, und alle Tiere sind geflohen!«

»In dem Gewitter?« Silver sah die Patienten vor sich – ein Totenkopfäffchen mit halb abgebissenem Schwanz, zwei Brüllaffen in erbärmlichem Zustand, der Tapir und schließlich die Faultiermutter.

»Außerdem ist der Strom ausgefallen. José braucht unsere Hilfe, um alle wieder einzufangen und den Generator anzuschmeißen.« Silvers Vater schaltete eine Taschenlampe ein. Es war eine der neuen, besonders starken Taschenlampen, die Ana neulich zur Sicherheit verteilt hatte. »Du bleibst hier im Trockenen, Silver.«

»Ich will aber mitkommen!«

»Nein!« Ihre Mutter schüttelte energisch den Kopf. »Hier bist du sicherer.«

Mit einem schnellen Kuss auf Silvers Stirn verschwanden die beiden durch den Regenvorhang in dem Unwetter.

Silver lief auf der Veranda auf und ab. Nach links. Nach rechts. Wieder zurück. Die ganze Zeit tobte es in ihrem Innern.

Nein! Sie konnte nicht einfach tatenlos hier warten. Wieder zuckte ein Blitz über den Himmel und erleuchtete kurz den Waldrand. Sie musste mithelfen.

Sie zog sich ihre Regenjacke über, setzte die Basecap auf, holte noch einmal tief Luft und stürzte sich dann kopfüber ins Unwetter.

Siebenundzwanzigstes Kapitel

Blitze

Der Regen rauschte in einem gigantischen Wasserfall vom Himmel. Innerhalb weniger Sekunden war Silver klatschnass. Anders als zu Hause war der Regen hier überhaupt nicht kalt. Er war tropisch warm.

Sie lief über das Gelände der Rettungsstation. Mehrmals rutschte sie auf dem matschigen Boden aus, und ein- oder zweimal saugte ihr Schuh sich fest, und sie musste ihn wieder herausziehen.

Bei dem heftigen Regen konnte man kaum etwas sehen. Das Wasser lief ihr übers Gesicht, rann ihr zwischen die Schulterblätter und wusch den Schweiß weg, der auf ihrer Haut klebte. Und der Krach! Wie das Wasser sich einen Weg durch das Laubdach bahnte, von den Blättern abprallte und mit lautem Tosen herabstürzte.

»MUM? DAD?«, schrie Silver, aber ihre Stimme verlor sich in dem Getöse.

Wo waren sie? Ohne Strom war es auf dem Gelände stockdunkel. Blind tastete sie nach ihrer Taschenlampe.

»Tintenklecks!«

Sie hatte sie zu Hause vergessen.

Bei einem lange zuckenden Blitz blinzelte Silver in das plötzliche Licht und versuchte sich zu orientieren.

Ah! Da war das Informationszentrum, dort liefen ein paar Leute herum. Der Schein der Taschenlampen drang wie Laserstrahlen durch den Regen. Gedämpfte Rufe auf Spanisch. Zu schnell und abgehackt, um etwas zu verstehen.

»MUM?«

War sie das? Die Gestalt, die in Richtung Klinik rannte? Jetzt war wieder alles dunkel. Immerhin wusste Silver jetzt die grobe Richtung. Während sie losstürmte, erschütterte ein krachender Donner den Himmel. Sie blieb kurz stehen, dann zwang sie sich weiterzulaufen. Es war nicht mehr weit.

Sie riss die Tür auf.

Doch in der Klinik war niemand. Nur leere Käfige und der Geruch von versengtem Holz.

Wieder donnerte es, lauter, als sie es je in ihrem Leben gehört hatte. Als würde der Himmel zusammenkrachen. Sollte sie wieder nach Hause gehen? Sie zögerte. Da fielen ihr die Schildkröten ein.

Was war mit Luna? Sie musste nach ihr sehen.

Der Regen rann ihr in die Haare, in die Ohren, Nase und Augen. Sie konnte nicht mal einen Schritt weit sehen. Aber da, wieder eine Reihe von Blitzen. Alles kurz erleuchtet. Oh, und Gott sei Dank! Silver schrie erleichtert auf. Da war Luna und versteckte sich in ihrem Aquarium unter der Wasseroberfläche.

»Es ist alles gut, Luna«, flüsterte Silver. »Hier kann dir nichts passieren.«

Silver stolperte zurück zum Ausgang der Klinik. War das José da drüben? Und leuchtende grüne Federn. Bestimmt Bonito, der auf seiner Schulter saß. Er war also auch in Sicherheit. Über den tosenden Regen hinweg hörte sie wildes Gekläff. Dann Anas Stimme. Sie gab schnelle Anweisungen, um den Suchtrupp zu koordinieren.

Dröhnender Donner. Der Schein einer Taschenlampe. Noch ein Laserstrahl quer über das Gelände.

Wer war die andere Gestalt?

War das Santiago?

Eiskalt lief es Silver über den Rücken.

Denn wenn Santiago hier war …

… wer passte dann auf die Schildkröteneier auf?

ACHTUNDZWANZIGSTES KAPITEL

Gestohlen

Silver stolperte weiter.

Das Unwetter tobte. Der Regen peitschte durch die Bäume, ein süßlicher Geruch lag im Dschungel. Sie konnte kaum die Hand vor Augen sehen.

Jetzt rannte sie, heftig keuchend. Sie stolperte, einmal, zweimal, dreimal. Bis sie schließlich die Brutstätte erreicht hatte.

Zerklüftete Blitze am Himmel wie Dolche.

»NEIN!«

Ein wilder Schrei aus tiefstem Herzen.

»Bitte nicht!«

Das Schloss an der Tür lag zerbrochen auf dem Boden. Silver unterdrückte ein Schluchzen. Blind rannte sie zur hintersten Ecke, wo die Eier der Lederschildkröte vergraben waren. Das Schild lag umgedreht daneben. Der Sand grob weggescharrt. Irgendwo brüllte ein Affe. Über ihr dröhnte der Donner. Silver sank auf die Knie und grub im Sand.

Die Mulde war leer.

Neunundzwanzigstes Kapitel

Der Tracker

Silver weinte. Warme Tränen vermischten sich mit dem tropischen Regen.

Die Eier konnten einfach nicht weg sein.

Es war, als hätte jemand ihr Herz gestohlen, in dem alle Hoffnung aufbewahrt war wie ein verborgener Schatz. Die Hoffnung, die ihr die Schildkrötenmutter eingepflanzt hatte. Der sie versprochen hatte, auf die kostbaren Eier aufzupassen.

Während sie sich die Augen rieb, fiel Licht über den Sand. Es wurde etwas auf Spanisch gerufen.

Jemand taumelte in die Brutstätte und schwenkte die Taschenlampe. Der Strahl fiel auf Silver, ihr Puls raste. Wenn das nun der Dieb war? Der noch mehr holen wollte? Sie hatte gar nicht nach den anderen Eiern gesehen, denen von anderen Schildkrötenarten. Es gab noch viele mehr, die man stehlen konnte.

»Silver?«

Erleichterung durchströmte sie. »Rafi!

Schnell kam er zu ihr herüber und kniete sich ihr gegenüber vor die Mulde. Die Haare klebten ihm am Kopf. Zwei Äuglein schauten aus seiner Jacke hervor.

»Sie sind w-w-weg!«, brachte Silver mit Mühe heraus.

Rafi leuchtete in das Loch hinein. Irgendwie hatte sie gehofft, es wäre vielleicht noch ein Ei da. Weil der Wilderer es eilig gehabt und nicht so genau aufgepasst hätte.

Doch im Schein der Taschenlampe bestätigten sich Silvers schlimmste Befürchtungen.

Alle Eier waren verschwunden.

Ihr erster Impuls war es, einen von den anderen zu suchen. Egal wen. Aber es war niemand zu sehen, weder Ana, noch José oder Silvers Eltern. Keine Spur von den Erwachsenen.

»Sie suchen alle die vermissten Tiere.« Rafi klang ängstlich.

»W-w-was machen wir jetzt?«

Rafi schluckte schwer. »Der Tracker«, flüsterte er.

Mit nassen Fingern tastete Rafi in seinem Zimmer nach dem Schalter des Mobilgeräts. Als er es anmachte, war erst lautes Rauschen zu hören, dann Stille. Rafi schüttelte es. Wieder nur knackende Geräusche.

»Bitte sag, dass es funktioniert!«, sagte Silver verzweifelt, während der Regen auf das Dachfenster trommelte.

Wieder schüttelte er es, fester diesmal. Bis das Display endlich aufleuchtete. »Ha!«

Erst war nichts zu sehen. Silver trommelte ungeduldig mit den Fingern. Dann war ein leises Piepsen zu hören.

»Was ist? Was zeigt es an?« Sie beugte sich über Rafis Schulter. »Kannst du sehen, wo sie hin sind?«

»Warte mal.« Rafi schaute sie seltsam an. Das war nicht der Blick, den Silver jetzt sehen wollte.

»Was ist? Sag schon!«

Er überprüfte die Koordinaten auf dem Tracker. Es dauerte quälend lange. Dann nagte er an der Lippe, bevor er sprach. »Sie sind … im Dschungel.«

Silver schluckte. Sie hätte gedacht, die Diebe würden

den einfachsten und schnellsten Weg aus der Rettungsstation nehmen und über den unbefestigten Weg fliehen, der ins Dorf führte.

»Dann müssen wir ihnen nach«, sagte sie. Es lief ihr eiskalt über den Rücken. »Wir müssen die Eier zurückholen, bevor es zu spät ist.«

»In den Regenwald?« Rafi wurde bleich. »Aber ... das geht nicht.«

»Alle suchen nach verschwundenen Tieren. Nur wir sind hier.« Silver versuchte, ihre Panik zurückzudrängen. »Keiner außer uns weiß, dass die Eier verschwunden sind!«

»Wir müssen es jemandem sagen!« Das Regenwasser tropfte aus seiner durchweichten Jacke und bildete eine Pfütze auf dem Fußboden. »Wir müssen jemandem sagen, dass sie weg sind!«

»Aber wem? Es ist niemand da!«, sagte Silver heftiger als beabsichtigt. »Und ... und bis wir jemanden gefunden haben, ist es vielleicht schon zu spät.«

»Ich ... ich weiß nicht.«

»Bitte, Rafi!«

Rafi atmete tief durch. »Speedy, was sagst du dazu?«

Silver wusste, wie kostbar jede Minute war. Die Reichweite des Trackers war begrenzt – je weiter die

Wilderer kamen, desto geringer die Chance, sie noch zu finden. Aber sie wusste auch, wie bedeutsam dieser Moment war. Ihr war instinktiv klar, dass sie Rafi nicht drängen durfte.

Obwohl das Faultier nichts sagte, schien Rafi eindringlich zu lauschen.

Der Regen draußen hörte so plötzlich auf, wie er angefangen hatte, und der Dschungel dampfte und zischelte. Durch das Dachfenster sah sie, wie die grauen Wolken kurz dem tief stehenden Mond Platz machten.

»Okay.« Mit einem Seufzer schnürte Rafi sich seine Gürteltasche um. »Dann gehen wir jetzt mal die Schildkröteneier retten.«

Dreissigstes Kapitel

Abenteuer

In den Regenwald ging man nicht unvorbereitet.

Rafi bestand darauf, dass sie einige wichtige Utensilien mitnahmen. In der Regenzeit bewahrte er sie zum Glück nicht im Baumhaus auf, sondern in seinem Zimmer. Das alles nahmen sie mit:

1. Zwei Stirnlampen.
2. Für jeden eine Flasche Wasser.
3. Ein paar Energieriegel.
4. Eine Tube Insektenschutzmittel (sie hatten sich schon von oben bis unten eingeschmiert).
5. Eine Karte. Nicht dass darauf eine Route verzeichnet gewesen wäre – im Dschungel gab es keine Wege. Sie diente eher zur Beruhigung.

6. Rafis selbst geschnitzten Speer zur Verteidigung gegen Jaguare.

»Wir brauchen noch irgendwas, womit wir die Eier transportieren können«, sagte Silver, als sie alles in ihren Gürteltaschen verstaut hatten. Über die Alternative mochte sie gar nicht erst nachdenken. Alle Babyschildkröten tot, bevor sie auch nur die Chance hatten zu schlüpfen. Die Eier als Delikatesse in einem Restaurant serviert.

Aber was wäre ein geeignetes Gefäß? Sie konnten ja keine Eierkartons mit in den Dschungel nehmen, und eine Kiste wäre zu sperrig. Sie brauchten etwas Leichtes, das sich gut verstauen ließ. Da hatte Silver einen Geistesblitz.

Sie liefen zu ihr nach Hause. Sie hatte gehofft, ihre Eltern wären in der Zwischenzeit zurückgekommen, damit irgendein Erwachsener die Verantwortung übernehmen könnte. Aber das Haus war verlassen. Silver zog ihren Kopfkissenbezug ab. Genau den Bezug, über den ihre Mutter sich vor wenigen Wochen aufgeregt hatte. Es kam Silver so vor, als wäre das schon ewig her. Wie sich die Zeit hier in die Länge zog, trotz der gleichmäßigen Tage.

In letzter Minute schnappte sich Silver noch eine Tube goldene Glitzerfarbe von ihrem Vater.

»Damit können wir unseren Weg an den Bäumen markieren«, sagte sie. »Wir möchten uns ja nicht verirren.«

Sie wollte die Erinnerung an Josés Worte nicht hochkommen lassen – dass man, wenn man sich im Dschungel verlief, nie mehr lebend herauskam. Es hatte jetzt keinen Sinn, sich da hineinzusteigern. Wenn sie sich alle Gründe vor Augen hielt, die dagegensprachen, konnte sie auch direkt aufgeben. Und Aufgeben war keine Option.

Das Mobilgerät piepste. »Wir müssen uns beeilen!«, sagte Rafi. »Die Entfernung wird größer.«

»Moment! Ich muss erst noch was machen.«

Sie hatte keine Zeit, ihre Eltern zu suchen, um ihnen zu sagen, was sie vorhatte. Mal ganz abgesehen davon, dass sie ihr sowieso niemals erlauben würden, für irgendwelche Eier ihr Leben aufs Spiel zu setzen. Niemals würden sie das verstehen. Aber Silver konnte auch nicht einfach ohne eine Erklärung verschwinden. Deshalb hinterließ sie eine Nachricht. Nicht mit Worten. In ihrer panischen Hast hätte sie sowieso nicht leserlich schreiben können. Sie hinterließ eine Nachricht in der Sprache, die ihr Vater am besten verstand. Sie malte einen Oktopus mit drei Herzen. Dann wusste er hoffentlich Bescheid.

Jetzt war es aber höchste Zeit.

Gleich.

Silver sah Rafi vielsagend an. Speedy schaute oben aus seiner Regenjacke hervor und fiepste empört.

»Ich lasse sie nicht hier«, sagte Rafi und wurde rot. »Sie wird uns helfen.«

Silver nickte. Jetzt war nicht der Moment, um das infrage zu stellen.

Rafi zufolge führte hinter dem Informationszentrum ein kurzer Weg in den Dschungel. Ein paar kühne Freiwillige hatten ihn einmal angelegt.

»Das da?«, rief Silver, als Rafi ihn ihr zeigte.

Der sogenannte Weg verdiente diesen Namen nicht. Kein Vergleich mit den ausgetretenen Wegen, die kreuz und quer über das Gelände der Rettungsstation verliefen. Das hier war nicht mehr als ein paar umgeknickte Farne und zertrampeltes Gestrüpp.

Hier am Rand – wo das Mondlicht die Laubdecke immer noch durchdringen konnte – erkannte Silver die seltsame, einzigartige Struktur des Regenwaldes. Die vielen zusammengewachsenen Bäume. Die Pflanzen wuchsen nicht für sich, sondern ineinander verschlungen, manchmal sogar übereinander. Dafür gab es einen bestimmten Ausdruck, doch solche Details fielen ihr in diesem Moment nicht ein.

Nervös schaute sie zu Rafi. »Wir tun das Richtige«, murmelte sie und hoffte, dass er das Zittern ihrer Stimme nicht bemerkte. Vorsichtig machte sie den ersten Schritt. Dann noch einen.

Mit jedem Schritt ließen sie das sichere Gelände hinter sich. Schon nach wenigen Metern reichte ihnen der Farn bis zur Taille. Die feuchte, modrige Erde aus zerfallenem Laub und Zweigen schmatzte unter ihren Füßen. Aus der Nähe sah Silver das samtige Moos an jedem Baum, die fransigen Enden loser Lianen und die zarten Pilze, die tagsüber faszinierend rosa leuchteten.

Ein Stück weiter verlor sich der Weg, der sowieso nicht der Rede wert gewesen war, und die beiden blieben stehen.

Silver wandte sich zu Rafi und umklammerte ihre Gürteltasche. »Weiter führt der Weg nicht?«

Tapfer hob Rafi seinen Speer. »Jetzt bahnen wir uns unseren eigenen Weg.«

Einunddreissigstes Kapitel

Verirrt

Ohne irgendeinen Pfad als Orientierung war es sehr viel mühsamer voranzukommen. Und je tiefer Silver und Rafi in den Regenwald eindrangen, desto schwieriger wurde es für das Mondlicht, einen Weg durch das Laubdach zu finden. Sie hatten die Stirnlampen eingeschaltet und kraxelten über riesige Baumwurzeln, die sich wie bucklige Monster aus dem Boden erhoben. Ein- oder zweimal verfingen sie sich in den langen, dürren Lianen, die von hohen Ästen herabhingen.

Obwohl der Regen aufgehört hatte, war es immer noch extrem feucht. Der nasse Boden dampfte, und während immer noch Wasser aus dem Laub herabtröpfelte und Silver in den Kragen rann, wand sich ein unwirklicher Nebel um ihre Knöchel. Mehrmals schlug ihr ein nasser Farnwedel ins Gesicht, und sie schrie vor Schreck laut auf.

»¡*Cuidado!* Pass auf!«, rief Rafi, als ihnen wieder ein umgestürzter Baum den Weg versperrte.

Sie hievte sich über den Stamm und schrammte sich die Hände an der rauen Rinde auf. Sie verbot sich den Gedanken daran, was noch alles im Dunkeln lauern könnte. Rafi hatte sie schon vor den zahllosen Giftschlangen gewarnt, die sich im Unterholz verbargen.

Etwas kreischte, und Silver erstarrte. War das ein Brüllaffe oder etwas anderes? Schwer zu sagen, aus welcher Richtung das Geräusch kam, denn im Dschungel klang alles verzerrt.

Nervös schaute sie sich um. Vielleicht war es noch nicht zu spät umzukehren. Sie stellte sich die Panik ihrer Eltern vor, wenn sie ihr Verschwinden bemerkten. Aber nein. Sie waren ja kaum losgegangen. Sie konnte die Eier nicht einfach verloren geben. Unmöglich.

Jetzt komm schon, Silver, trieb sie sich selbst an.

Etwa alle zehn Bäume blieb sie stehen und markierte den Stamm mit einem goldenen Klecks. Nach weniger als zwanzig Minuten, die ihr vorkamen wie Stunden, blieb sie stehen. Ihre Jacke war völlig durchweicht, ihre Haare tropfnass und verzottelt, und ihre Schuhe quietschten bei jedem Schritt.

»Wie sieht es aus?«, fragte sie keuchend und trank durstig einen großen Schluck Wasser aus ihrer Flasche.

»Kommen wir näher ran?«

Rafi holte das Mobilgerät aus einem wasserdichten Fach seiner Gürteltasche. Er biss sich angestrengt auf die Lippe, dann schüttelte er den Kopf. Unnötig zu sagen, dass sie die Wilderer verlieren würden, wenn die sich zu weit entfernten.

Während sie weitermarschierten, redeten sie kaum. Sie brauchten ihre gesamte Energie, um einen Fuß vor den anderen zu setzen. Von allen Seiten von Bäumen umringt, war es unmöglich zu sagen, woher sie gekommen waren. Sie konnten sich nur an den Tracker halten, der sie immer tiefer in den Dschungel hineinführte. Aber selbst auf ihn konnten sie sich nicht hundertprozentig verlassen. Mehrmals verloren sie das Signal, bevor es kurz darauf wieder da war.

Je tiefer sie in den Wald gerieten, desto dunkler wurde es um sie her. Ihre Stirnlampen waren viel zu schwach. Die Finsternis umhüllte sie wie ein Mantel und kam von allen Seiten – von links und rechts, von oben und sogar von unten. Als wären sie in einem schwarzen Ko-

kon gefangen. Die Außenwelt erschien ihnen fern und unwirklich. Hier regierten nur die Bäume. Und die sahen nach einer Weile alle gleich aus.

Rafi ging voran. Mit einer Taschenlampe in der einen Hand und dem Speer in der anderen stieß er mit jedem Schritt vorsichtig in das Laub vor ihnen. Plötzlich machte er erschrocken einen Satz zurück. Eine rote Schlange kroch vor ihnen über den Boden.

»Das war knapp.« Silvers Herz pochte wie wild. Mit zitternden Händen schaute Rafi auf das Mobilgerät. »Die Diebe kommen viel schneller voran als wir.«

Sie beeilten sich noch mehr, aber trotzdem gelang es ihnen nicht, die Wilderer einzuholen. Es juckte Silver überall an den Händen und im Gesicht, ihre Stirnlampe flackerte, als wollte sie ausgehen, und obwohl sie sich das Wasser so gut es ging eingeteilt hatte, fühlte sich die Flasche erschreckend leicht an. Sogar Speedy schaute trüb aus Rafis Jacke heraus.

Silver hatte mittlerweile überhaupt keine Orientierung mehr. Sie konnte sich nur noch auf ihre schwach leuchtenden Sneaker konzentrieren, die sie weitertrugen. Doch jeder Schritt fühlte sich schwerer an als der letzte, und schließlich blieb Rafi stehen. Taumelnd stieß sie gegen seinen Rücken.

»O nein«, murmelte er.

»Was ist?«, fragte Silver mit ganz kleiner Stimme. Sie schaute hoch und folgte mit dem Blick dem Schein von Rafis Taschenlampe. Erst begriff sie nicht, was er meinte. Sie standen inmitten riesig hoher Bäume – genau wie vorher. Aber da sah sie etwas glitzern. An einem der vermoosten Stämme schimmerte ein goldener Klecks.

»Wir sind im Kreis gelaufen.« Rafi war rot angelaufen und den Tränen nahe. »D-d-das ist meine Schuld.« Silver war wie vor den Kopf geschlagen. Vor Erschöpfung schwankte sie auf der Stelle. »Quatsch! Du kannst nichts dafür. Ich bin einfach zu langsam. Ich halte dich auf!«

»Wir verlieren sie«, sagte er mit hängenden Schultern. »Wir verlieren die Eier.«

Die Wand aus Bäumen war so undurchdringlich, als stünden sie einer Armee gegenüber. Weiter konnten sie unmöglich gehen. Jedenfalls nicht zu Fuß. Der Tracker verriet ihnen, dass sich die Diebe mit jeder Minute weiter entfernten.

Aus dem Nichts schrie etwas, und Silver kreischte los. Rafi stieß mit seinem Speer in die Luft.

Noch ein Schrei hallte in der Nähe. Hoch oben in

einem Baum knackte es. Silver konnte sich nicht beherrschen. Wieder kreischte sie und krallte sich an Rafis Arm fest. Die Zweige über ihnen bebten. Dann wackelten sie. Und teilten sich schließlich.

Ein bekanntes weißes Fellgesicht schaute zu ihnen herunter.

Zweiunddreissigstes Kapitel

Von Baum zu Baum

»Tickle!«, rief Rafi, und Silver stieß einen gewaltigen Seufzer der Erleichterung aus.

Der Kapuzineraffe sprang auf einen niedrigeren Ast, ringelte den Schwanz zu einem Fragezeichen und guckte Silver und Rafi aufgeweckt an.

»Meinst du, er ist uns gefolgt?«, flüsterte Rafi.

Tickle schrie, dann sprang er wieder auf einen höheren Ast und schaute auf sie herab. Schwungvoll hob er die Pfote und packte eine grüne Liane.

»Er will uns irgendwas sagen«, meinte Rafi aufgeregt. »Stimmt's, Speedy?«

Silver verkniff sich eine bissige Antwort. Sie war hundemüde, von Mücken zerstochen, und die Schildkröteneier drohten für immer verloren zu gehen. Das war jetzt nicht der richtige Moment für eines von Rafis Tiergesprächen.

Rafi sah das anscheinend anders.

»Was hast du denn?« Rafi sah hinauf zu dem Affen, der jetzt ungeduldig auf und ab hüpfte. Rafi wandte sich zu Silver. »Er will, dass wir auf den Baum klettern.«

»Das ist nicht dein Ernst!«

»In so einer Lage mache ich bestimmt keine Witze.« Im nächsten Moment packte Rafi die Liane und schwang sich nach oben. Tickle kreischte laut über ihren Köpfen.

Silver zögerte. Sie konnte sich kaum noch auf den Beinen halten, geschweige denn klettern.

»Kommst du?« Rafi sah nach unten.

Silver richtete sich auf. So viel anders, als auf eine Eiche zu klettern, konnte es nicht sein, oder? Und was hatte sie für eine Wahl? Sie wollte nicht allein hier unten bleiben. Also langte sie nach oben und bekam eine Liane zu fassen.

Mit allerletzter Kraft folgte sie Rafi. Sie hielt die Liane fest umklammert und lief mit den Füßen den Stamm hinauf. Höher und höher – und dann noch höher –, bis zu einem dicken, starken Ast, auf dem Rafi saß und sie erwartete.

Als sie wieder zu Atem gekommen war, schaute sie sich staunend um. Von hier oben sah sie unter sich den Regenwald als unendlichen, mondbeschienenen grünen Teppich. Dort drüben ein schmaler tintenblauer Streifen, wo der Dschungel an den Ozean grenzte. Eine braune, geschlängelte Linie führte ins Meer, das musste ein Fluss sein.

»Wahnsinn!« Sie schaute Rafi an. »Die Landschaft aus der Vogelperspektive – oder besser gesagt, Affenperspektive.«

»*Ay sí.*« Rafis Augen leuchteten. »Tickle hatte recht, uns hier hochzurufen.« Er holte den Tracker heraus, und vor Aufregung rutschte seine Stimme eine Oktave höher. »Silver! Sie sind stehen geblieben!«

Vorsichtig beugte sie sich über seine Schulter – schließlich waren sie sehr hoch oben – und schaute auf das Mobilgerät. Der pulsierende Punkt, den sie verfolgt hatten, bewegte sich nicht mehr.

»Aber wo sind sie?« Silver schaute über den Wald. »Sie könnten überall sein!«

Rafi überprüfte noch einmal den Tracker. »Ich glaube, sie sind da!« Er zeigte zu einer Lücke zwischen den Bäumen, die auf eine Lichtung hindeutete.

Es sah weit aus, aber Silver spürte neue Energie durch

ihre Adern strömen. »Wie kommen wir da hin? Durch die Bäume schaffen wir es nicht.«

»*Un momentito*«, sagte Rafi. »Ich frage …«

Silver musste sich beherrschen, während Rafi den Affen konsultierte.

Sie glaubte zwar keine Sekunde daran, dass Tickle tatsächlich mit Rafi sprach (das war doch unmöglich, oder?), doch irgendwie schien die Kommunikation mit den Tieren Rafi zu helfen. Vielleicht so ähnlich, wie es ihr zu Hause immer geholfen hatte, mit ihrer Eiche zu sprechen.

Nach einer Weile tätschelte er dem Affen den Kopf. »Natürlich! Du kluges, kluges Tier!«

»Was denn?«, fragte Silver, während Tickle eine Liane ergriff und sich mit einem Kreischen vom Baum abstieß.

Rafi antwortete nicht. Stattdessen nahm er eine andere Liane und band sie sicher um seine Taille. Versuchsweise zog er mit seinem ganzen Gewicht daran. »Speedy«, sagte er zu dem Faultier, das sich an seinem Kragen festkrallte. »Gut festhalten.«

»Nein. Rafi, nein!« Silver hielt ihn zurück. »Bitte sag, dass du nicht vorhast, was ich denke.«

»Es ist die einzige Möglichkeit! Und die schnellste.«

Unter lautem Gebrüll sprang Rafi vom Ast, schwang durch die Luft und machte eine Bruchlandung im Baum nebenan. Er schaute nach, ob er verletzt war, dann machte er sich los und warf die Liane zurück zu Silver. »Jetzt du!«

Mit weichen Knien stand Silver auf. Das war noch viel schlimmer, als über die Dächer zu springen, und das hatte sie ja schon große Überwindung gekostet. Aber was blieb ihr anderes übrig?

Sie band sich die Liane um, zog noch einmal daran, um sicherzugehen, dass sie hielt, und schaute absichtlich nicht nach unten. Sie schickte ein Stoßgebet zum Mond und machte einen Schritt vom Ast. Eine endlose Sekunde lang hing Silver zwischen den Bäumen in der Luft. Der Abstand schien immer größer zu werden, bis sie mit den Füßen auf einem Ast des Nachbarbaums landete. Nur dank Rafis festem Griff blieb sie aufrecht stehen.

Er nickte anerkennend. »Ich wusste, dass du es schaffst.«

Noch ehe sie verschnauft hatte, schnappte er sich schon wieder eine Liane und schwang sich zum nächsten Baum.

Wohl oder übel musste sie hinterher. Und obwohl sie

sich mitten im Regenwald auf einer gefährlichen Rettungsmission befanden, war es so ziemlich das Ausgelassenste und Herrlichste, was Silver je gemacht hatte: durch den Himmel zu fliegen, als wäre sie im Dschungel zu Hause.

Sie schrie aus vollem Halse.

Schloss die Augen.

Und dann RUMS.

Die Liane knackte, und Silver donnerte gegen den Stamm des dicksten Baums, den sie je gesehen hatte.

Es war ein Gefühl, als wäre sämtliche Luft aus ihrer Brust herausgeschlagen worden. Panisch suchte sie am erstbesten Ast Halt, verfehlte ihn jedoch knapp. Dann glitt sie am Stamm herunter, prallte ungeschickt von einem Zweiggeflecht ab und landete mit lautem Aufprall auf dem Waldboden.

Als sie sich beruhigt hatte, schaute sie sich um und schluckte. Unheimliche Nebelschwaden schwebten über dem Boden, hüllten sie ein wie ein Umhang. Sie fühlte sich plötzlich schrecklich allein.

»Alles okay bei dir?«, fragte Rafi und landete höchst unelegant neben ihr.

Sie hatte sich das Knie gestoßen, und ihr Knöchel fühlte sich ein bisschen wacklig an, aber sie biss die

Zähne zusammen. Sie wagte erst zu sprechen, als er die Liane von seiner Taille losgebunden hatte. Speedy schaute sie aus Rafis Jacke besorgt an.

»Jetzt ja.« Sie ergriff Rafis ausgestreckte Hand und zog sich hoch.

Er überprüfte den Tracker. »Jetzt ist es nicht mehr weit.«

Zum Glück hatten sich die Bäume gelichtet. Nur ein kleines bisschen, aber doch so weit, dass sie sich hindurchzwängen konnten. Plötzlich blieb Rafi stehen. Er legte einen Finger an die Lippen und zeigte durch eine Lücke zwischen den Stämmen. Da war die Lichtung.

»Guck!«, flüsterte er.

Dreiunddreissigstes Kapitel

J-J-Jaguar!

Rafi gab Silver ein Zeichen, ihre Stirnlampe auszuschalten, damit mögliche Wilderer sie nicht bemerkten. Als sie wieder in die Dunkelheit des Dschungels eintauchten, schauderte Silver, und es dauerte eine Weile, bis ihre Augen sich an die Finsternis gewöhnt hatten. Alles wirkte so grau und schattig wie die Bilder ihres Vaters. Aber dann wurde ihre Sicht langsam besser.

Auf der Lichtung war nichts als ein leerer Sack.

»O nein! Rafi!«

Dicht gefolgt von Rafi, humpelte sie hinüber und riss den Sack auf. Darin lagen ein zerbrochenes Ei und die Überreste eines winzigen blauen Schildkrötenbabys. Silver hatte einen bitteren Geschmack im Mund.

Sie fasste noch einmal in den Sack. Tief unten war noch ein kaputtes Ei. Die Attrappe, in zwei Teile zerbrochen.

»Das arme Kleine.« Rafi wischte sich eine Träne von der Wange.

Obwohl sie sich beide vor Müdigkeit kaum noch auf den Beinen halten konnten, bedeckten sie das tote Schildkrötenbaby mit etwas Erde und Laub. Das war das Mindeste, was sie tun konnten. Tickle saß in einem Baum und schaute traurig herab.

»Was ist mit den übrigen Eiern?«, fragte Silver und wischte sich die schmutzigen Hände an der Regenjacke ab.

Rafi zeigte auf die Batterie in der zerbrochenen Attrappe. »Ohne den Tracker wissen wir nicht, wo sie sind. Da verirren wir uns nur.«

»Können wir uns überhaupt noch mehr verirren?« Silver schaute sich um und schluckte nervös.

Nicht nur, dass sie die Schildkröteneier verloren hatten. Darüber konnte sie gar nicht nachdenken, jedenfalls nicht ohne ein entsetzliches Gefühl der Niederlage. Sie waren außerdem mitten im Dschungel, und zwar ganz allein, von den Wilderern mal abgesehen.

»Wir könnten versuchen, unsere Schritte zurückzuverfolgen.« Sie hielt die fast leere Tube mit goldener Farbe hoch. Da wurde ihr auf einmal ganz elend.

»O nein.« Beim Lianenschwingen hatten sie natürlich nicht mehr daran gedacht, ihren Weg zu markieren. Sie hatten keine Chance zurückzufinden.

Hoffnungslos schauten sie sich an. Sie hatten den ganzen Proviant aufgegessen und nur noch ein paar Schluck Wasser in ihren Flaschen. Rafi schaltete seine Stirnlampe wieder an, doch sie flackerte. Sein Gesicht war voller Striemen und Schürfwunden, seine Haare starrten vor Dreck. Silver sah bestimmt nicht besser aus. Ihre Hände waren blutig zerkratzt, ihr Knöchel pochte. Doch das Schlimmste war ihr wehes Herz.

Sie sah die Lederschildkröte vor sich, wie sie zu ihr hochgeschaut und ihre Eier in Silvers Obhut gelassen hatte. Ein vertrauensvoller Blick von Schildkröte zu Mensch.

Jetzt waren sie schon so weit gekommen. Hatten so hart gekämpft. Und wofür das alles? Wenn sie die Eier nicht fanden, würde keine der kleinen Schildkröten überleben.

»Was sollen ...« Mitten im Satz erstarrte Silver.

Sie hörten ein raues Knurren. Und obwohl im Dschungel alle Geräusche verzerrt klangen, war es unverkennbar.

»J-J-Jaguar!«

Vierunddreissigstes Kapitel

Wieder vereint

Jedes einzelne Härchen auf Silvers Haut stellte sich auf, ihr Mund wurde trocken. Sie tastete nach ihrer Kette, um sich zu beruhigen, doch die war nicht da. Irgendwo im Dschungel verloren.

Wieder das Knurren, gefolgt von einem Rascheln im Gestrüpp und dem Knacken eines trockenen Zweigs. Und da, durch das Laubwerk, zwei leuchtend gelbe Augen, im wirbelnden Nebel nur schwach zu erkennen.

Silver schlug das Herz bis zum Hals. Instinktiv machte sie einen Schritt zurück und stolperte über den ebenso erschrockenen Rafi.

Immer näher kam der geschmeidige Schatten.

Sie erhaschte einen Blick auf gelbbraunes Fell und tiefschwarze Flecken.

Spitze Zähne blitzten auf.

Rafi tastete nach seinem Speer, aber der war schon lange verloren. Stattdessen nahm er Silvers Hand. Wie Wachen standen sie da, Rücken an Rücken. Silver hätte nicht sagen können, wer von ihnen beiden mehr zitterte.

Das raue Knurren war wie eine Säge an Silvers Herz. Sie kniff die Augen zusammen, und Rafi murmelte leise ein Gebet. Das war's dann wohl.

Doch statt eines Jaguars im Sprung hörte sie ein kurzes, scharfes Bellen.

Silver machte ein Auge auf, dann das andere. Ein schwarz-weißer Terrier raste mit gefletschten Zähnen auf die Lichtung.

»Morder?«

Auf den Hund folgte Ana, die laut brüllend die Arme über dem Kopf schwenkte. Ein letztes fauchendes Knurren, dann war nur noch ein Schwanz zu sehen, der sich verzog.

»¡Santa Maria!« Ana rannte zu ihnen und schaute schnell nach, ob sie verletzt waren. »Gott sei Dank, euch ist nichts passiert.«

Unwillkürlich fing Silver an zu schluchzen. Bevor sie etwas sagen konnte, stürmte José mit Bonito auf der

Schulter auf die Lichtung. Bald darauf folgte ein aufgelöst wirkender Oscar, gar nicht mehr der adrett gestylte junge Mann, den Silver an ihrem ersten Tag getroffen hatte. Sein Gesicht war fleckig, die Haare hingen ihm schief in die Stirn.

»Papá!« Rafi warf sich in die Arme seines Vaters.

»¡Mi niño! Mi niño precioso!«, sagte José mit bebenden Schultern. »Ich dachte … ich dachte schon, ich hätte dich verloren.«

Während Rafi und sein Vater sich umarmten, spürte Silver, wie die Anspannung ein wenig nachließ.

Und dann tauchte noch jemand auf. Jemand mit erhitztem Gesicht, aufgelöster Frisur und ausnahmsweise ohne Fleecejacke. Direkt hinter ihr eine vertraute Gestalt, die einen Pinsel mit Borsten aus Adlerfedern schwenkte.

»Mein Gott, da bist du ja! Du lebst!«, rief ihre Mutter. »Oh, Silver!«

Ihre Mutter drückte sie, so fest es nur ging, und dann noch fester, bis Silver röchelte und hustete.

»MUM! Ich krieg keine Luft!«

»Das ist mir egal.« Ihre Mutter schluchzte in Silvers Haare. »Ich lass dich nie wieder los!«

»Das war ein wirklich gefährliches, um nicht zu sagen

tollkühnes Unternehmen«, sagte ihr Vater, der knallrot und von Insekten zerstochen war. »Ihr hättet leicht sterben können.«

Die alte Silver wäre versucht gewesen zu erwidern, dass sie ja nicht gestorben waren. Aber es war wirklich verdammt knapp gewesen. Außerdem drückte ihr Vater sie jetzt fast noch fester als ihre Mutter.

»Mein Schatz«, murmelte er in ihr Haar. »Unser allerliebster Schatz.«

»Es tut mir leid«, flüsterte sie, bestürzt über die heftige Reaktion ihrer Eltern. Sie umarmte sie ebenfalls fester und atmete ihren vertrauten Geruch ein.

Schließlich ließ sie ihre Eltern los und schaute in die Runde. »Aber ... wie habt ihr uns gefunden?«

»Der Goldpfad«, sagte ihr Vater stolz. »Wie bei Hänsel und Gretel.«

»Und als sich die Spur verlor, hat Morder uns weitergeholfen.« Silvers Mutter kraulte den Terrier hinter dem Ohr. »Ana hat ihn an einem von Rafis alten T-Shirts schnüffeln lassen.«

Zu Silvers Erstaunen legte der Hund sich auf den Rücken und ließ sich von ihrer Mutter den Bauch rubbeln.

»Was ist das?« Ana hockte sich neben den Sack und sah Silver und Rafi fragend an.

»Na los!« Silver stieß Rafi an. »Erzähl du!«

Rafi wurde rot, aber dann klärte er alle auf. Wie sie bei dem Gewitter festgestellt hatten, dass die Eier der Lederschildkröte verschwunden waren, und beschlossen hatten, mithilfe der Attrappe die Wilderer aufzuspüren. Es war ihm ein bisschen unangenehm, allen von seiner Erfindung zu erzählen, vor allem vor seinem Bruder.

»Ein falsches Ei«, flüsterte Ana. »¡Que ingenioso!«

»Gut gemacht, kleiner Bruder.« Oscar legte einen Arm um Rafi. »Ich bin stolz auf dich.«

»Kluger Junge«, krächzte Bonito, als Rafi von einem Ohr zum anderen strahlte.

»Aber das hilft uns alles nicht dabei, die Wilderer zu finden«, sagte Silver betrübt.

Ana schüttelte den Kopf. »Das stimmt nicht. Ihr habt uns die Route gezeigt, die sie genommen haben.«

»Und zwar?«, fragte Silvers Vater.

»Sie sind zum Fluss«, sagte Ana. »Auf einem der Nebenflüsse gibt es einen Steg, an dem die Wilderer ihre Boote festmachen. Sie nutzen die Wasserwege, um die Schildkröteneier über die Grenze zu schmuggeln. Da müssen wir jetzt hin.«

»Sollen wir nicht lieber auf die Polizei warten?«,

fragte Silvers Mutter und legte Silver beschützend eine Hand auf die Schulter.

»Keine Zeit!« Ana stand auf. »Wir wollen die Eier nicht verlieren. Wenn wir Pech haben, ist es schon zu spät.«

Silvers Mutter wollte widersprechen, verstummte jedoch, als sie Anas entschlossene Miene sah.

Silver nahm die Hand ihrer Mutter und drückte sie. Sie konnte nicht in Worte fassen, wie viel ihr die Schildkröteneier bedeuteten, aber sie musste es versuchen. »Wir können nicht einfach hier rumsitzen und nichts tun. Wir müssen da hin!«

Ihre Mutter war hin- und hergerissen. Silver drückte ihre Hand noch fester und sah sie flehend an. »Bitte, Mum!«

Nach einer gefühlten Ewigkeit holte ihre Mutter tief Luft. »Dann müssen wir wohl mitkommen.« Sie krempelte die Ärmel hoch, und in Silvers Freudenschrei stimmte Tickle mit ein.

»Der Fluss ist in der Nähe, nehme ich an?« Silvers Vater schwenkte seinen Pinsel wie einen Kompass. Hier im Dschungel schien seine Stimmung sich zu heben.

»Es ist eine Stunde zu Fuß«, sagte Ana. »Und keiner nimmmt die Abkürzung mit den Lianen.« Sie warf Silver und Rafi einen vielsagenden Blick zu. »Na komm, Morder. Du zeigst uns den Weg.«

Der Hund schnupperte an dem Sack und nahm die Fährte auf, dann drehte er die Nase zur anderen Seite der Lichtung. Mit einem Kläffen, einem Affenbrüllen und einem Papageienkrächzen setzte sich der bunte Trupp aus Menschen und Tieren in Bewegung.

Fünfunddreissigstes Kapitel

Plan im Morgengrauen

Der Weg zum Fluss führte in Richtung Osten. Obwohl das Gelände nach wie vor tückisch war, kam es Silver mit ihren Eltern an der Seite nicht mehr so schwierig vor. Vor allem, wenn ihr Vater sie über die kreuz und quer wachsenden Wurzeln hob und ihre Mutter Zweige und Farne beiseite hielt, damit sie Silver nicht ins Gesicht schlugen.

Während Ana und Morder vorausgingen, erzählten die anderen Erwachsenen was in der Zwischenzeit alles passiert war. José hatte den Generator wieder in Gang gesetzt, sodass sie Strom hatten, und wie durch ein Wunder hatten sich alle Tiere wieder eingefunden. Der Tapir war besonders schwer aufzuspüren gewesen, aber jetzt waren alle wohlbehalten in der Klinik.

Das war die gute Nachricht. Die schlechte war, dass nicht nur die Eier der Lederschildkröte gestohlen worden waren. Fast die Hälfte der Eier in der Brutstätte war verschwunden.

»Ana war ganz verzweifelt«, sagte ihre Mutter, die jede Gelegenheit nutzte, um Silver zu berühren, als müsste sie sich vergewissern, dass sie noch da war. »Und als sie merkte, dass ihr zwei alleine losgezogen seid, war sie völlig fertig.«

»Aber nicht so fertig wie wir«, fügte ihr Vater hinzu und drückte Silvers Schulter.

»Achtung«, sagte Silvers Mutter und schlug eine Liane aus dem Weg, während sie zielstrebig durch den Regenwald marschierte. Silver hatte den Eindruck, dass ihre Mutter genauso entschlossen war wie sie selbst, die Schildkröteneier zu retten. Vielleicht kam das durch den Schock darüber, dass sie Silver beinahe verloren hätte. Vielleicht war ihr dadurch klar geworden, dass es für die Schildkrötenmutter ganz ähnlich war.

Schon bald erlahmten die Gespräche. Nur die Erwachsenen beratschlagten noch darüber, wie sie vorgehen wollten, wenn sie beim Steg ankämen. Sie mussten doch bestimmt bald da sein. Oder bildete Silver sich nur ein, dass es hier anders roch?

Sie liefen noch ein paar Minuten, bis der Wald sich auf einmal lichtete. Der Dschungel war ebenso plötzlich zu Ende, wie er angefangen hatte. Helle Lichtsplitter fielen durch die Lücken zwischen den Baumstämmen und färbten den Regenwald in bunten Farben. Der Morgen dämmerte.

Leise wies Ana sie an, sich versteckt zu halten. Silver kauerte sich neben Rafi und spähte durch den schmalen Spalt zwischen zwei dicken Kapokbäumen. Die Baumwurzeln waren so riesig, dass sie Silver bis zur Taille reichten – sehr praktisch, um sich zu verstecken. Tickle hockte still auf einem der oberen Äste.

Der Flusspegel war hoch vom vielen Regen. Über dem schlammig braunen Wasser hingen Kokospalmen. Etwa fünfzig Meter rechts von ihnen befand sich ein Holzsteg, an dem ein kleines Boot vertäut war. Es war schmutzig grau mit überdachtem Heck.

Silver schnappte nach Luft, dann schlug sie die Hand vor den Mund. Auf dem Steg stand eine schwarz gekleidete Gestalt neben einem Stapel Holzkisten.

»Der Wilderer«, flüsterte Rafi.

Aus der Ferne konnten sie nichts Genaues erkennen. Doch was Silver sah, war beunruhigend genug. Der Mann lud gerade eine der Kisten auf das Boot und wandte sich dem restlichen Stapel zu. Am Bug stand noch ein Mann – vermutlich der Kapitän.

»*Vamos.* Uns bleibt nicht viel Zeit.« Ana warf einen prüfenden Blick in ihren Mantel.

Silver musste drei Mal hinsehen. Deshalb also lief Ana immer in diesem langen Mantel herum. Er hatte innen lauter Taschen mit Salben, Lotionen, Gegengift, unterschiedlich großen Spritzen, sogar einem selbst gemachten Speer aus Treibholz.

»Wir halten uns an den Plan, *no*?«, sagte José, und Bonito schlug mit den Flügeln.

Der Plan war riskant, er setzte ganz auf den Überraschungseffekt. Aber eine andere Idee hatten sie nicht. Ana und José wollten versuchen, auf das Boot zu gelangen, während Silvers Eltern aufpassten für den Fall, dass noch weitere Wilderer in der Nähe waren. Vor allem mussten die Kinder versprechen, die ganze Zeit in ihrem Versteck zu bleiben.

»Das gilt auch für dich, Oscar«, sagte José.

Oscar machte den Mund auf, um zu widersprechen, doch Josés strenger Blick ließ keinen Widerspruch zu. Oscar nickte und ging zum nächsten Baum, der ihm eine bessere Sicht bot.

»Wer weiß, wozu diese Typen fähig sind«, sagte Silvers Mutter besorgt und nahm Silver wieder in die Arme. »Versprichst du mir, dich nicht vom Fleck zu rühren?«

Silver versprach es und wollte sich auch daran halten.

»*Bueno*, auf drei«, sagte José an die Erwachsenen gewandt.

»Eins, zwei, DREI!«, rief Ana leise.

Sechsunddreissigstes Kapitel

Die Rettung

Auf Anas Kommando hin flitzte Morder zwischen den Bäumen hervor, schlängelte sich am Flussufer entlang und stürmte aufs Boot. Sie hörten wildes Gekläff und einen scharfen Fluch des Wilderers – der erste Teil des Plans war also schon mal aufgegangen.

Von da an war es schwer, die Ereignisse zu verfolgen, weil Silver meistens Rafis Kopf vor der Nase hatte und ihr Versteck hinter den Baumwurzeln ja nicht verlassen durfte.

»Was passiert jetzt?«, fragte sie gespannt.

»Keine Ahnung«, sagte er. »Ich glaube, Ana ist auf dem Boot, aber … ich kann es nicht richtig erkennen.«

Sekunden vergingen. Sekunden, in denen Silver sich vor Anspannung fast hätte übergeben können. Sie hörte jetzt noch wilderes Gebell, ein heiseres Krächzen, dann einen Schmerzenslaut.

»Aua.« Rafi zuckte zusammen. Es folgte ein wütender Ruf, gleich darauf ein fürchterlich lauter Schlag.

»O nein.« Rafi erstarrte.

»Was ist?«

»¡Papá!«

Ohne zu zögern, schwang er sich über die Baumwurzeln und rannte hinunter zum Ufer. Silver hatte keine Wahl. Sie musste helfen. Mit rasendem Herzen rannte sie Rafi hinterher durch den rutschigen Matsch.

»RAFI!«

Ungefähr zwanzig Meter vor dem Boot blieb er stehen und kauerte sich hinter einen umgestürzten Baumstamm. Silver kniete sich neben ihn. Von hier aus konnten sie sehen, dass der Wilderer José am Steg gegen die Bootswand drückte. Er hielt ihn so fest, dass José keine Chance hatte, sich zu befreien. Über das Rauschen des Flusses hinweg hörten sie Bonito ängstlich rufen.

»Wir müssen was tun!«, zischte Rafi. Instinktiv fasste er an seine Gürteltasche. Aber da fiel ihm ein, dass er sie in ihrem Versteck hinter den Baumwurzeln gelassen hatte.

Ein weiterer lauter Schlag ertönte, und Silver zuckte zusammen. Im Boot war Ana in einen Kampf mit dem Kapitän verwickelt. Silver blickte sich hektisch um – da entdeckte sie im Gebüsch einige heruntergefallene Kokosnüsse.

»Hier!« Sie nahm zwei und reichte sie Rafi.

Er begriff sofort, holte aus, zielte, und … die Kokosnuss landete mit einem Platsch im Wasser. Der zweite Versuch war nicht viel besser.

»Meine Hände zittern zu doll!«, sagte er weinend.

Die Zeit drängte, also schnappte Silver sich noch eine Kokosnuss. So viel schwerer als Spucken konnte es ja nicht sein. Oder als einen Elfmeter zu schießen. Sie atmete einmal tief durch. Holte aus. Und dann WUUUSCH.

Die Kokosnuss sauste durch die Luft und traf den Wilderer hart am Hinterkopf. Verdattert lockerte er den Griff, sodass José ihn gegen die Brust schubsen konnte. Mit einem erstickten Aufschrei und einem befriedigenden Platschen landete der Dieb im Fluss.

Während der Wilderer Flusswasser schluckte und Zeter und Mordio schrie, schaute Silver Rafi erschrocken an.

Er verzog das Gesicht zu einem breiten, sonnigen

Grinsen. »Du hast es geschafft!«, sagte er und umarmte sie.

»Wir haben es geschafft!« Sie erwiderte seine Umarmung, und Speedy fiepste unter seiner Jacke.

Silver wollte gerade einen Freudentanz vollführen, als Oscar am Ufer auftauchte und die beiden zurück hinter die Bäume zog. »¡*Por Dios!* Wollt ihr euch umbringen?«

Nachdem José wieder die Oberhand hatte, war der Kampf schnell beendet. Dank Rafis und Silvers Mut, Anas Scharfsinn und Josés Stärke hatten sie die Wilderer aufgehalten. José trug ein blaues Auge und eine blutige Lippe davon, aber Anas selbst gemachter Speer hatte sich als sehr hilfreich erwiesen. Ebenso wie die Betäubungsmittel, die sie dabeihatte.

Als sie den Wilderer aus dem Fluss gefischt und beide Männer stramm gefesselt hatten, rief Ana über den Seefunk die Polizei. Silvers Mutter kam zurück zu ihrem Versteck zwischen den Kapokbäumen, wo Silver, Rafi und Oscar mittlerweile wieder warteten, und erzählte ihnen mit roten Wangen, was passiert war.

»Die gehen so schnell nirgendwo mehr hin. Ihr hättet die Knoten sehen sollen, die Ana gebunden hat!«

»Und was ist mit den Eiern?«, fragte Silver. Sie verriet ihrer Mutter wohlweislich nichts davon, dass Rafi und sie sich ins Geschehen eingemischt hatten. »Sind sie noch heil?«

Ihre Mutter schüttelte den Kopf. »D… das konnte ich nicht erkennen.«

Die frühe Morgenluft war feucht, und vom Fluss her wehte eine frische Brise herüber. Silver zitterte, und ihre Mutter legte ihr eine Jacke um. Ihr taten alle Knochen weh, und sie war so müde, dass sie die Augen kaum noch offen halten konnte.

Schon bald tauchte ihr Vater auf und hielt die zwei Teile seines zerbrochenen Adlerfederpinsels aneinander. »Ich bin über meine Füße gestolpert«, sagte er wehmütig.

Obwohl Silver immer noch ein banges Gefühl im Bauch hatte, musste sie kichern. Sie hatte solchen Hunger, dass sie widerstrebend eine viel zu reife Banane von ihm nahm – auch wenn sie nur zwei matschige Bissen herunterbekam. Sie waren einfach zu eklig.

Als der Regenwald um sie herum zum Leben erwachte, hieß es einfach nur Warten, bis endlich Tickle schrie und ein Motorboot den Fluss heruntergetuckert kam.

Erst als die Polizei die beiden Männer abgeführt hatte, winkte Ana sie alle herüber. Sie ging gerade einen Stapel Holzkisten durch. Im überdachten Teil des Boots war jeder Zentimeter mit weiteren Kisten ausgefüllt.

»Sind das alles Schildkröteneier?«, fragte Silvers Mutter staunend.

»Vor allem von der Grünen Meeresschildkröte, aber auch mehrere von der Echten Karettschildkröte und ein paar von der Unechten.« José rieb sich die aufgeschlagene Lippe.

»Die Polizei meint, dass wahrscheinlich auch die anderen Diebstähle an der Küste auf das Konto der beiden gehen.« Ana kniff die Augen zusammen. »Hoffentlich nehmen die Behörden jetzt mal unsere Forderungen ernst, mehr für den Schutz der Schildkröteneier zu tun. Wer weiß?«

»Und die Eier der Lederschildkröte?« Silvers Herz schlug in Höchstgeschwindigkeit. Hier waren so viele Eier. Wenn die Eier der Lederschildkröte nun gar nicht dabei waren?

Sie nahm Rafis Hand und drückte sie fest.

»*Aquí.*« Ana zeigte auf eine Kiste, die etwas abseits stand. »Da sind deine Eier. Sie sind gerettet, Silver. Sie sind gerettet.«

Siebenunddreissigstes Kapitel

Offiziell ASR

Ein ganzer Mondzyklus verging. In dieser Zeit wurden alle gestohlenen Eier aus der Brutstätte wieder vergraben, und da sie so viele weitere Eier hatten retten können, versprach die kommende Nistzeit sehr erfolgreich zu werden.

Die gewagte Verfolgungsjagd im Dschungel hatte sogar das Interesse der überregionalen Presse geweckt. Die Zeitungen veröffentlichten einen doppelseitigen Artikel über Ana und José und ihre Arbeit in der Rettungsstation, dazu ein Foto von Rafi, wie er das falsche Ei hochhielt. Er hatte seinen Vater überredet, mindestens zehn Ausgaben der Zeitung zu kaufen, damit er sein Zimmer damit tapezieren konnte.

Durch die Artikel rückte die Bedrohung, der die

Schildkröten ausgesetzt waren, in den Fokus, was der Rettungsstation großzügige Spenden aus aller Welt einbrachte. Ana investierte das Geld in ein ausgeklügeltes Überwachungssystem, damit den Eiern – auch allen zukünftigen – nichts passieren konnte, bis die Schildkröten geschlüpft waren.

Wie sich herausstellte, gehörten die beiden Wilderer zu einem größeren Ring illegaler Händler, der in ganz Mittelamerika tätig war. Die beiden Männer wurden zu einer Geldstrafe und einer milden Haftstrafe verurteilt.

Ana sagte, eigentlich bräuchten sie eine Umerziehung und die Möglichkeit, ihr Geld auf vernünftige Weise zu verdienen. Deshalb war es so enorm wichtig, in das Informationszentrum zu investieren. Es war die Grundlage für Anas Vision von einer Welt, in der Kinder das Leben aller Geschöpfe respektieren.

»Was sagst du?«, fragte Silvers Vater sie.

Sie standen zusammen in seinem Atelier. Das heißt, Silver stand. Ihr Vater lief die ganze Zeit hin und her. Er war immer sehr aufgeregt, wenn er jemandem zum ersten Mal seine Kunst zeigte. Selbst wenn dieser Jemand seine eigene Tochter war. Er nagte nervös an seinem reparierten Adlerpinsel, ohne zu merken, dass er sich um die Lippen herum mit grüner Farbe beschmiert hatte. Silver tätschelte ihm beruhigend die Hand, dann atmete sie tief durch und ließ das erste Bild auf sich wirken. Tanzende, wirbelnde, überwältigende Farben sprangen ihr entgegen. Das Bild war so bunt und lebendig, dass es zur Welt da draußen wurde, und die Welt da draußen wurde zu dem Bild. Das leuchtende Smaragdgrün der Palmen, der goldblitzende Schnabel eines Tukans, das Limettengrün eines Goldbaumsteigers, das elektrische Blau des Himmels. Silver wurde beinahe schwindelig von den vielen Farben.

Begierig wandte sie den Blick zum nächsten Bild. Es war eins von Luna, und … oh! Ihr Vater hatte die Schönheit von Lunas Panzer in seinen vielen verschiedenen Tönen so gut eingefangen! Sogar den neugierigen Blick, mit dem sie über den Rand ihres Aquariums spähte, hatte er getroffen.

Das dritte Bild stellte Tickle dar, und Silver prustete los. Mit schelmisch funkelnden Augen schaute der Affe aus dem Bild heraus. Es war so lebensecht, dass sie fast dachte, er könnte jeden Moment mit dem Schwanz peitschen.

»Das sind die schönsten Bilder, die ich je gesehen habe.«

Tickle, der neben ihrem Vater saß, quiekte. Ihm schienen sie auch zu gefallen.

Silvers Vater lächelte. »Schon komisch, dass erst ein Affe kommen und mich an etwas erinnern musste, das ich vergessen hatte.«

»So richtig vergessen hattest du es ja nicht.« Silver tätschelte Tickle den Kopf. »Es steckte die ganze Zeit in dir drin. Du musstest es nur wiederfinden.«

Ihr Vater nickte, als hätte sie die größte Weisheit aller Zeiten ausgesprochen. Er kratzte sich mit dem geflickten Adlerpinsel am Kinn. »Die Wahrheit ist, ich hatte mich vor der Schaffensfreude verschlossen. Aber, mein Schatz, jetzt ist das Tor zu den Farben wieder weit geöffnet!«

Silvers Herz flatterte. Ihr Vater grinste verschmitzt.

»Wie meinst du das?«

»Ich hab eine Idee für ein Kinderbuch«, flüsterte er. »Über das Leben im Regenwald und ein unerschrockenes Mädchen namens Silver, das mit etwas Hilfe von ihren Freunden sogar menschenfressenden Jaguaren trotzt, um kostbare Schildkröteneier zu retten. Ich finde, das ist eine gute Geschichte. Eine wichtige. Wir müssen dafür sorgen, dass die Geschichte der Schildkröten erzählt wird.«

»Ehrlich?!«, rief Silver aufgeregt. »Das wär echt toll!«

»Ich nenne es *Regenwaldabenteuer*. Es kommt eine bunte Mischung von Tierfiguren drin vor, und durch die Geschichte zieht sich eine nette kleine lebensbejahende Botschaft.« Er umarmte sie und wirbelte sie hoch.

»Keine Angst, du kommst auch drin vor, Tickle«, sagte er, als der Affe ihm kreischend auf den Kopf sprang.

Die Bilder ihres Vaters waren nicht das Einzige, was vor Leben sprudelte. Seit der Befreiung der Schildkröteneier war die Rettungsstation von neuer Energie erfüllt. José hatte das angesengte Klinikgebäude frisch gestrichen, das Informationszentrum wurde renoviert, um größere Schülergruppen empfangen zu können, und die Unterkünfte der Freiwilligen sollten ausgebaut werden, damit noch mehr Besucher sich um die Schildkröten kümmern konnten.

Und was die Tiere betraf – Van Gogh ging es wieder so gut, dass er zurück in den Ozean konnte, und auch die Faultiermutter war endlich wieder in die Wildnis entlassen worden.

Noch etwas Aufregendes war passiert.

Nachdem Rafi und Silver den Erwachsenen alles über die ASR und ihre abendlichen Streifzüge erzählt hatten, sagte Ana, es sei ihr eine Ehre, sie beide in die offizielle Strandpatrouille aufzunehmen. Als sie das erste Mal dabei waren, hielt Ana sogar eine Rede, und Rafi zeigte allen voller Stolz seine Gürteltasche und seinen neuen selbst geschnitzten Speer. Er fertigte sich auch einen Mantel an, ganz ähnlich wie Anas, den er jetzt immer zu besonderen Gelegenheiten trug.

Eins wollte er jedoch geheim halten – das Baumhaus.

»¡Juepucha! Wenigstens ein Geheimnis brauche ich doch«, sagte er, als sie in ihrem Versteck hoch oben in den Ästen saßen. Speedy döste in der Ecke, während Rafi und Silver Gecko-Rennen auf ihren Armen veranstalteten.

»Immer gewinnst du!« Rafi stöhnte.

Silver streckte ihm die Zunge raus, dann betrachtete sie den Stand der Sonne am Himmel. »Ich muss los! Ich wollte meiner Mutter helfen, Luna zu waschen.«

»Warte mal … bevor du verschwindest.«

Silver schaute Rafi erwartungsvoll an. Er wich ihrem Blick aus und nagte an der Unterlippe. Wenn sie sich nicht täuschte, wirkte er fast schüchtern.

»I-i-ich wollte dir noch das hier geben«, murmelte er.

»Was ist das?«

Silvers Magen zog sich zusammen. Sie spürte, dass es mit ihrem bevorstehenden Abschied vom Schildkrötenstrand in knapp drei Wochen zusammenhing. Bis jetzt hatten sie nicht darüber geredet. Es war zu furchtbar, um es laut auszusprechen. Die Tatsache, dass ihre gemeinsamen Patrouillen und Besuche des Baumhauses gezählt waren und ihr Abenteuer bald zu Ende ging.

Rafi holte etwas unter dem Tisch hervor und überreichte Silver feierlich ihre persönliche Uniform der Agentur für Schildkrötenrettung. »Das S hab ich selbst angenäht.«

Silver schluckte die Tränen herunter, die schon die ganze Woche hochzukommen drohten. »Das ist das beste Superheldenkostüm aller Zeiten!«

»Ich weiß«, sagte Rafi.

Und grinste.

Achtunddreissigstes Kapitel

Silver

Nach einem schönen Nachmittag mit Luna – die seit neuestem ihre Nase zutraulich an Silvers Hand rieb – saßen Mutter und Tochter auf einem Baumstamm am Schildkrötenstrand. Das Wasser des Ozeans bewegte sich vor und zurück, die Wellen türmten sich übereinander und brachen sich krachend am Strand.

Silver wackelte im Sand mit den Zehen. Seit der Rettung der Schildkröteneier war so viel los gewesen, dass sie noch keine richtige Gelegenheit gehabt hatte, mit ihrer Mutter zu reden.

Doch allmählich näherte sich ihre Zeit hier dem Ende. Die Rückflüge waren gebucht. Gerade jetzt, als Silver sich wünschte, dass die Dschungelzeit möglichst langsam verging, lief sie plötzlich schneller. Der einzige Trost war, dass ihr Vater ihr versprochen hatte, sie dürfte zu Hause ins Kinderzimmer einziehen.

»Damit du den Regenwald immer in deinem Herzen hast.«

Trotzdem. Sie konnte nicht nach Hause zurück, ohne über das zu sprechen, was sie schon so lange mit sich herumtrug.

»Mum …?«, begann sie. Dann räusperte sie sich. Das war schwerer, als sie gedacht hätte. »Es tut mir leid«, sagte sie schließlich. »Dass ich dir so einen Schreck eingejagt hab … als wir in den Regenwald gegangen sind, ohne Bescheid zu sagen. Das wollte ich nicht.«

»Ach, Silver.« Ihre Mutter wandte sich zu ihr. »Für deinen Mut brauchst du dich nie zu entschuldigen! Aber bitte sag uns nächstes Mal Bescheid, bevor du eine gefährliche Rettungsmission im Dschungel unternimmst.«

Silver lächelte verlegen. »Ich war nicht mutiger als du.«

»Wie meinst du das?« Ihre Mutter sah sie verständnislos an.

»Ich meine«, sprudelte es jetzt aus Silver heraus, als wollte sie es möglichst schnell hinter sich bringen, »die ganze Zeit, als ihr versucht habt, ein Baby zu bekommen. Damals hab ich das nicht richtig kapiert. Warum das so schlimm für dich war.«

Ihre Mutter starrte sie an. Dann rieb sie sich die Augen. Auf dem Baumstamm neben ihnen landete ein blauer Schmetterling und klappte die Flügel auf und zu.

»Ich hätte nicht gedacht … dass du das gemerkt hast«, sagte ihre Mutter vorsichtig. »Dein Vater und ich … wir wollten dich davor schützen.«

»Ich hab es auch erst nicht gemerkt«, sagte Silver. »Aber dann hast du …«

Silver wollte sagen, dass ihre Mutter sich in ihr Schneckenhaus verkrochen hatte. Aber sie wusste nicht recht, wie sie das ausdrücken sollte. Ihre Mutter schien sie trotzdem zu verstehen.

»Ich war nicht für dich da.«

Silver schluckte den Kloß im Hals herunter. »Nein.«

Ihre Mutter schaute in die Ferne, wo die Erde sich unter dem Horizont krümmte. Wie anders sie jetzt aussah als auf dem Hinflug vor ein paar Monaten. Weicher und zufriedener. »Manche Seeleute sagen, der Ozean könnte singen. Deshalb leben sie lieber auf dem Wasser als an Land. Ich kann nicht behaupten, das je gehört zu haben.«

Silver legte eine Hand ans Ohr. Nein. Sie hörte es

auch nicht. Aber vermutlich sang der Ozean wirklich – für die Schildkröten. Für alle Tiere im Meer. Auch wenn sie nicht ganz verstand, warum ihre Mutter das jetzt sagte.

»So ähnlich ist es mit der Sehnsucht, Mutter zu sein«, fuhr ihre Mutter fort. »Es ist ein Lied im Herzen. Kannst du das verstehen? Natürlich nicht, jedenfalls noch nicht. Aber als ich dich zum allerersten Mal sah, war das so, als verstünde ich plötzlich, was Liebe wirklich bedeutet. Die Liebe war da, in meinen Armen – du.« Sie löste den Blick vom Ozean und schaute Silver in die Augen, als suchte sie etwas. »In den letzten Jahren habe ich mir nichts mehr gewünscht als einen Bruder oder eine Schwester für dich. Und … und als das nicht geklappt hat, war das so, als hätte ich dich irgendwie enttäuscht.«

Silver hielt den Atem an. Im Blick ihrer Mutter lag eine Wahrheit, die sie lange nicht mehr gesehen hatte. »Aber du hattest mich«, sagte sie leise.

»Das stimmt.«

Und da verschaffte Silver der Stimme Gehör, die sie so lange verborgen hatte. Wie die Flut erhob sie sich aus ihrem tiefsten Innern. »Ich dachte, dass du noch ein Kind wolltest, weil … weil ich dir nicht gereicht habe. Weil ich nicht genug für dich war.«

Ihre Mutter fasste sie bei den Schultern und drehte sie zu sich herum. »Wie konntest du das nur denken?«, fragte sie. »Du bist witzig und mutig und schlau und …«

»Und tollpatschig.«

»Aber ich liebe deine Tollpatschigkeit!« Ihre Mutter sah sie verwundert an. »Ich liebe alles an dir. Du hast mich zu der gemacht, die ich bin. Du hast mich zu einer Mutter gemacht.«

»Findest du es nicht schlimm, dass ich schlecht in Kunst bin?«, fragte Silver. »Und dass ich nicht zu den Besten in der Klasse gehöre?«

»Ach, Silver. Glaubst du ernsthaft, so etwas wäre wichtig? Du brauchst nicht in irgendwas die Beste zu sein, damit ich dich lieb habe!«

»Meinst du das ernst?«

»Natürlich. Ich hab dich lieb, weil du mein Ein und Alles bist.« Sie zog Silver fest an ihre Brust. »Aber hier habe ich gelernt, dass es nie mein einziger Lebensinhalt sein sollte, Mutter zu sein. Jedenfalls nicht so, dass ich alles andere ausklammere.«

»Wie meinst du das?«

»Ich habe mit Ana geredet«, sagte ihre Mutter. »Ich möchte zu Hause meine eigene Wildtierstation aufbauen. Zweimal in der Woche arbeite ich weiterhin in der Praxis, aber den Rest der Zeit kann ich den wilden Tieren widmen, die auch Hilfe brauchen. Das hast du mir gezeigt, Silver. Du.«

Die Augen ihrer Mutter leuchteten. Hier bei den Schildkröten zu sein, hatte sie an etwas erinnert, was noch größer war als ihr Traum, ein zweites Mal Mutter zu werden. Es hatte sie wieder mit der Energie des Lebens verbunden. Sie hatte die Verbindung zu sich selbst wiedergefunden.

Und vielleicht konnte auch Silver diese Verbindung wiederfinden.

Nicht zu dem Mädchen, das sie vorher gewesen war. Das immer das Gefühl gehabt hatte, nicht gut genug zu sein. Sondern zu dem Mädchen, das sie geworden war. Das sein Bestes gab. Und ihr Bestes war immer genug, auch wenn es sich manchmal nicht so anfühlte.

»Übrigens hab ich die hier gefunden.« Ihre Mutter fasste in die Hosentasche und holte Silvers Kette mit dem Herz heraus. »Stell dir vor, sie war im Kaffeesack. Warte, ich binde sie dir um.«

Überrascht und dankbar schaute Silver auf die Kette. Ihre Mutter hob ihr die Haare hoch und legte ihr vorsichtig die Kette um den Hals.

»Weißt du, warum wir dich Silver genannt haben?«, murmelte ihre Mutter. »Weil du, als du auf die Welt kamst, so viel Licht in unser Leben gebracht hast. Und auch in das Leben vieler anderer. Guck dir an, was du hier alles bewirkt hast! Du darfst nie denken, dass du nicht genug bist, hörst du? Du bist mein leuchtender Stern.«

Die beiden saßen in behaglicher Stille, als Silvers Mutter einen kleinen Seufzer ausstieß. »Jetzt sind wir schon so lange hier, und ich war noch gar nicht richtig im Ozean.«

»Ich auch nicht, nicht richtig«, gab Silver zu.

Mutter und Tochter schauten sich an, dann sprangen sie im selben Moment auf und rannten Hand in Hand zum Wasser.

»Aber deine Haare!«, rief Silver, als ihre Mutter geradewegs ins Wasser marschierte.

Ihre Mutter ging ohne Zögern. Mit dem Kopf zuerst stürzte sie sich in die Fluten. Sekunden später tauchte sie wieder auf, tropfnass und lachend. »Kommst du?«

Das ließ Silver sich nicht zweimal sagen. Sie lachte auch und sprang zu ihrer Mutter ins Wasser.

Neunddreissigstes Kapitel

Zeit zu schlüpfen

Am nächsten Tag kam Silver gerade von einer Schatzsuche mit ihrer Mutter zurück, und sie bastelten auf der Veranda an einer Collage, als José keuchend die Treppe hochkam.

»Eier!«, krächze Bonito.

Silver und ihre Mutter ließen alles stehen und liegen und rannten zur Brutstätte. Um die Sandfläche herum stand bereits eine Gruppe aufgeregter Freiwilliger und eine sehr stolze Ana.

Sie winkte sie zu sich.

Silver hockte sich neben die Stelle, wo sie die Eier der Lederschildkröte vergraben hatten. Ihre Mutter kniete sich dazu und reichte ihr eine Hand. Sie war heiß und feucht, aber auch fest und vertraut.

»Es ist so weit«, sagte Ana.

Silver schaute gebannt auf den Boden, wo jemand vorsichtig die oberste Sandschicht beiseite gefegt und die Eier freigelegt hatte.

Sekunden vergingen. Sie strich sich eine Haarsträhne aus dem Gesicht, schmeckte den salzigen Schweiß auf den Lippen und spürte ihr Herz gegen die Rippen schlagen. Sie hatte solche Angst gehabt, das Schlüpfen der Schildkröten zu verpassen – obwohl Rafi bei Speedys Leben geschworen hatte, dass die Eier auf keinen Fall länger brauchten.

Und da! Der Augenblick, auf den Silver sechzig lange Tage gewartet hatte.

»Das da bewegt sich!«, flüsterte sie aufgeregt. »Guck!«

Das Schlüpfen der Schildkröte vollzog sich ganz zart, fast wie ein Baletttanz. Das Ei zitterte leicht auf der Achse. Dann nichts. Wieder wackelte es. Dann drückte etwas gegen die innere Membran, so wie ein ungeborenes Baby gegen den Bauch der Mutter tritt.

Ana, Silver und ihre Mutter zogen im selben Moment scharf die Luft ein.

Wieder kippelte das Ei, kräftiger diesmal, als die Schildkröte versuchte, ihrem Käfig zu entkommen.

»Na komm, Schildkrötchen! Du schaffst das!«, rief Silver. »Noch einmal drücken!«

Und dann – knack! Mit einem freudigen Freiheitsstoß schob sich ein kleiner Kopf durch die Schale. Dann zwei wackelnde Vorderflossen. Als Nächstes schlüpfte der ganze Panzer heraus, schließlich folgten die beiden Hinterflossen.

Und da war sie nun: eine klitzekleine Lederschildkröte. In der Farbe des Abendhimmels von Costa Rica. So klein, dass sie bequem auf Silvers Hand Platz hatte.

Obwohl Silver nicht eine Millisekunde verpassen wollte, schaute sie verstohlen zur Seite. So hatte sie das Gesicht ihrer Mutter noch nie gesehen. Diesen Ausdruck hatten die Schildkröten darauf gezaubert. Nicht nur die Eier, sondern das ganze Potenzial und die Lebenskraft, die darin steckten. Ana auf der anderen Seite der Mulde sah genauso aus. Und wahrscheinlich auch sie selbst.

Die kleine Schildkröte verharrte einen Augenblick, als müsste sie die Umgebung erst mal in sich aufnehmen. Doch ehe Silver aus dem Staunen wieder herauskam, fing das Ei neben der kleinen Schildkröte an zu wackeln und zu schaukeln.

»Noch eins!«, rief Silver atemlos.

Diese Schildkröte konnte es überhaupt nicht erwarten, auf die Welt zu kommen, und platzte in einem einzigen gierigen Zug aus der Schale. Dann plumpste sie auf den Rücken und zappelte hilflos mit den Flossen in der Luft. Silver kicherte und drehte die Schildkröte sanft um. Schnell trippelte sie zu der ersten kleinen Schildkröte.

Da waren es schon zwei – bis das nächste Ei anfing zu beben und eine weitere Schildkröte herausplatzte. Dann wackelte ein viertes Ei, ein fünftes und ein sechstes, und plötzlich schlüpften alle Schildkröten auf einmal aus.

»Da ist noch eine!«, rief Silver. »Und da, guck! Noch eine!«

Sie gab sich alle Mühe mitzuzählen, doch sie kam einfach nicht hinterher. So viele Schildkrötenbabys krabbelten im Sand übereinander. Manche liefen ihr sogar über die Füße (das kitzelte!), während andere über die zerbrochenen Eierschalen kraxelten und zurück in die Kuhle fielen, aus der sie sich dann wieder herauszogen.

Schließlich waren alle Eier geschlüpft, und die Brutstätte war erfüllt von dem Lärm und der Energie und der Freude von dreiundachtzig neugeborenen Schildkrötenbabys.

Es war ein Wunder.

So wie alles Leben ein Wunder ist.

Vierzigstes Kapitel

Schildkrötenmond

Vollmond. Eine leuchtende Kugel am tiefschwarzen Himmel. Dieser Mond war nicht nur ein wunderschöner Aufpasser, er war der Leuchtturm, dessen heller Strahl den kleinen Schildkröten ihren Weg weisen würde. Sie würden dem Licht bis in den Ozean folgen und dann, geleitet vom Mondlicht, die Segel setzen für den nächsten Abschnitt ihrer Reise.

Die kleinen Schildkröten hatten den Rest ihres ersten Lebenstages in einem der Aquarien verbracht. Am selben Abend sollten sie freigelassen werden. Die meisten Helfer in der Rettungsstation und ein sehr aufgeregter Rafi passten auf sie auf. Da die Weibchen später einmal zur Eiablage an denselben Strand zurückkehren würden, durften sie auf keinen Fall zu viel Zeit im Aquarium verbringen. Sie mussten sich den Strand genau einprägen.

Die Schildkröten waren nicht die Einzigen, die sich an diesen Ort erinnern wollten. Als Silver an den Strand kam, schaute sie sich ehrfürchtig um. Sie schaute zum Dschungel, zum Ozean und in den weiten, schieferfarbenen Himmel, die Luft wie Samt auf ihrer Haut. Sie legte den Kopf zurück und sah die Sterne, die das ganze Universum erleuchteten. So glänzend, dass ihr die Augen wehtaten.

Silver und Rafi trugen beide ihre offizielle ASR-Uniform. Sie hatten die Ehre, die Kiste mit den Schildkrötenbabys zu tragen. Sie fassten jeder einen Griff (obwohl die Kiste erstaunlich leicht war) und schritten voran. Ihnen folgten Silvers Eltern, José, Oscar, Ana, einige Mitarbeiter, darunter Santiago, und viele Freiwillige. Ebenfalls anwesend waren Tickle, Bonito, Morder – dem man eingeschärft hatte, brav zu sein – und Speedy. Die war gar nicht mehr so klein, schmiegte sich aber nach wie vor am liebsten um Rafis Hals.

Weil die Schildkröten so winzig waren, musste der Strand von allem Abfall befreit werden, damit der Weg zum Wasser für sie möglichst glatt und ohne Hürden war. Nachdem Silver und Rafi die Kiste vorsichtig auf dem Strand abgestellt hatten, sammelten die Helfer große Steine und Muscheln ein, außerdem Plastikmüll, der angespült worden war. Sie stapelten alles im hinteren Bereich des Strands, um es später mitzunehmen. Sie glätteten auch alle Mulden und Krater im Sand, bis schließlich die Bahn frei war.

»Zeit für eine kleine Rede«, sagte Ana zu der Gruppe. Sie zwinkerte Silver zu, dann nahm sie eine Zigarre aus der Manteltasche und zog daran, ohne sie anzuzünden.

»Diese Schildkröten hätten es um ein Haar nicht geschafft. Ohne den Mut von zwei Kindern wären wir heute Abend gar nicht hier.«

Sie legte eine kleine Pause ein und schaute sich um, als wollte sie alles in sich aufnehmen, was sie in den letzten dreißig Jahren erreicht hatte. Einen kurzen Moment lang wirkte sie sehr bewegt.

»Diese Schildkröten haben unseren Respekt verdient. So wie alle Tiere. Bedankt euch beim Dschungel dafür, dass ihr eurem Herzen gefolgt seid. Ihr seid nicht meine Kinder, aber das ist auch gar nicht nötig. Ich bin trotzdem stolz auf euch.«

»Auf die Liebe zu den Tieren!« Silvers Vater hob feierlich seinen Pinsel. »Und auf die Kinder – die Hüter einer besseren Zukunft.«

Rafi hob seinen Speer, Speedy hob eine Pfote, und die übrigen Menschen hoben eine Hand.

»Auf die Hüter einer besseren Zukunft!«, riefen alle.

Ana nickte ihnen zu, woraufhin Rafi und Silver an beiden Seiten der Kiste den Verschluss lösten und vorsichtig den Deckel hochhoben. Dreiundachtzig neugierige Schildkrötenbabys wuselten herum.

»Los, Silver«, sagte Rafi.

»*Pura vida.* Wir machen es zusammen«, antwortete sie.

Silver nahm die erstbeste Schildkröte auf die Hand. Die Schildkröte zappelte, ehe sie sanft auf den Sand gesetzt wurde. Sie blieb einen Moment sitzen, als ob sie sich auf eine unsichtbare Strömung einstellte. Dann krabbelte sie los und lief mit wackelnden Flossen zum Ozean.

Rafi setzte die nächste Schildkröte in den Sand, und sie watschelte hinter ihrem Bruder (oder ihrer Schwester) her. Dann suchten Silvers Eltern sich jeder eine Schildkröte aus, gefolgt von Ana, José, Oscar und den Freiwilligen, bis alle Schildkröten auf dem Strand waren.

Vor dem unendlichen tiefschwarzen Himmel sahen sie winzig aus. Ein Abenteuer hatten sie schon überstanden, aber viele Widrigkeiten erwarteten sie noch. Nicht nur, dass Vögel und Meerestiere sie fressen wollten, war ein Problem, auch dass der Ozean durch die Menschen immer mehr aus dem Gleichgewicht geriet. Und trotzdem. Die Hoffnung ließ Silvers Herz leuchten wie der Mondstrahl das Wasser. Die weiblichen Tiere, die überlebten, würden eines Tages an genau diesen Strand zurückkehren und den ewigen Kreislauf des Lebens fortsetzen.

Vielleicht stand Silver dann schon mit ihrer eigenen Tochter am Strand. So wie jetzt mit ihrer Mutter. Aber auch wenn es nicht dazu kam – und keiner wusste, was die Zukunft bereithielt –, würde sie diesen Augenblick niemals in ihrem Leben vergessen. Er brannte sich in ihre Seele ein, so wie der Strand auf geheimnisvolle Weise in das innere Programm der Schildkröten eingeschrieben war.

Die erste Schildkröte erreichte das Wasser und wurde vom Meer verschluckt. Dann schaukelte sie auf der Wasseroberfläche auf und ab. Trieb auf einer mondbeschienenen Welle davon. Silver lehnte sich an ihre Eltern. Fühlte sich in ihrer Wärme geborgen. Sie schlang die Arme um beide.

Als die anderen Schildkröten das Wasser erreichten,

folgte Silver dem Mondschein mit ihrem Blick, so lange sie konnte. Sie sah sich selbst auf dem Lichtstrahl zurückreisen bis in die Zeit der Dinosaurier und noch weiter. Bis dorthin, wo ihre Vorfahren sich zu einer langen Linie verbanden – wo jeder seinen Platz im Kosmos hatte. Dann drückte sie ihren Eltern die Hände, legte den Kopf in den Nacken und stieß den wildesten Schrei der Welt aus.

Sie war Silver Trevelon, erschaffen aus Mondstaub, Baumzauber und dem Ruf der Wildnis. Sie war hier. Sie lebte. Sie war einzigartig.

Ende

Anmerkungen der Autorin

Ich war ungefähr Mitte zwanzig, als ich das Glück hatte, ein halbes Jahr in Costa Rica zu verbringen – eine unglaubliche Erfahrung.

Noch heute, viele Monde später, kann ich mich lebhaft daran erinnern. An die schier unerschöpfliche Tierwelt, die verschwenderischen Farben, die Freundlichkeit der Menschen. Es ist wunderschön dort. Und der perfekte Ort für eine Geschichte.

Den Schildkrötenstrand habe ich mir ausgedacht, aber er könnte gut im Tortuguero Nationalpark an der Nordostküste Costa Ricas liegen. Die Gegend ist berühmt für ihre vielfältige Tierwelt, zu der auch die Meeresschildkröten gehören, die dort am Strand ihre Eier ablegen.

Damit es zum Ablauf der Geschichte passt, habe ich mir bei den Nistzeiten ein paar Freiheiten genommen. In Wirklichkeit nisten wilde Meeresschildkröten zu unterschiedlichen Zeiten. Lederschildkrötenweibchen kommen zwischen Februar und Mai an Land, während Grüne Meeresschildkröten meist von Juli bis September nisten. Der Sand in dieser Gegend ist eigentlich vulkanisch schwarz – wegen des Covers habe ich mir erlaubt, das zu ändern. Und obwohl wilde Tiere in meinen Büchern oft knuddelig und zutraulich sind, ist es keine gute Idee, sich ein Faultier als Haustier zu halten.

Ich habe diese Geschichte aus der Perspektive einer Außenstehenden geschrieben und bitte im Voraus um Entschuldigung, falls sich Fehler eingeschlichen haben.

Anas Rettungsstation gibt es in Wirklichkeit nicht – aber wenn es sie gäbe, würde ich auf jeden Fall hinfahren! (Wer mich fragt, was ich täte, wenn ich keine Bücher schreiben würde, bekommt zur Antwort: in einer Rettungsstation für wilde Tiere aushelfen.) Zum Glück gibt es viele solcher Stationen überall in Costa Rica und auf der ganzen Welt. Sie leisten oft Unglaubliches bei der Überwachung und dem Schutz der Tierwelt vor Ort und bieten Besuchern außerdem die Möglichkeit, Freiwilligendienste zu übernehmen. Achtet bei der Auswahl darauf, dass die Einrichtung seriös ist.

Warum also ausgerechnet Schildkröten? Nun, weil sie einfach wahnsinnig interessant sind. In vielen Kulturen stehen sie für Weisheit und Frieden. Sie können uralt werden und außerdem mit ihrem Hintern atmen! (Man nennt das Kloakenatmung, und eigentlich ist es eher ein Austausch von aufgenommenem Sauerstoff und abgegebenem Kohlendioxid, aber es ist nun mal so: Wenn eine Schildkröten Winterruhe hält, nimmt sie den meisten Sauerstoff über ihren Hintern auf.)

Gibt es einen besseren Grund, um über sie zu schreiben?

Aber im Ernst, ich finde es einfach faszinierend, dass es diese Tierart schon seit der Zeit der Dinosaurier gibt und sie sich jetzt denselben Bedrohungen gegenübersieht wie so viele unserer tierischen Freunde.

Dazu gehören Plastikmüll, Zusammenstöße mit Schiffsschrauben, die Gefahr, als Beifang zu enden, der Verlust von Lebensraum an den Stränden, Lärmbelastung, vielfältig erschlossene Küstenregionen mit verwirrend hellen Lichtern und natürlich die steigenden Wassertemperaturen. Rafi hat recht – alle Meeresschildkröten sind gefährdet. Einige von ihnen sind sogar vom Aussterben bedroht.

Wilderei ist eine weltweite Bedrohung, doch meine Geschichte soll keine Schuldzuweisungen verstärken. Stattdessen wollte ich zeigen, wie Ana und viele andere diese Herausforderung mithilfe von Bildung und neuen Verdienstmöglichkeiten meistern.

Ich weiß, viele meiner Leser*innen lieben Tiere SEHR und machen sich große Sorgen um den Erhalt der Tierwelt. Das geht mir genauso. Auch deshalb schreibe ich Bücher – um den wunderbaren Geschöpfen, die unsere kostbare Welt bevölkern, eine Bühne zu geben. Vielleicht kann ich nicht alle Eisbären, Grauwale oder Schildkröten retten, aber ich hoffe doch, dass meine Bücher etwas bewirken.

Und ihr könnt das auch. Allein seit *Der letzte Bär* erschienen ist, habe ich so viele berührende Geschichten von euch gehört – von adoptierten Eisbären, Wohltätigkeitsveranstaltungen, auf denen Spenden gesammelt wurden, Strandsäuberungen und kleinen, alltäglichen Freundlichkeiten. Sie alle zählen. Und sie alle bewirken etwas.

Ich hoffe, mein neues Buch bestärkt eure Hoffnung. Glaubt daran, dass ihr etwas beitragen könnt. Tretet für das ein, was euch wichtig ist. Und vor allem: Bleibt ihr selbst. Denn ihr seid etwas ganz Besonderes.

Alles Liebe
Hannah x

Quellen

Hier sind ein paar Quellen, die ich für meine Recherche verwendet habe und die vielleicht auch allgemein interessant sind:

WWF:
Erfahre mehr über die Meeresschildkröten und die Gefahren, die ihnen drohen.
https://www.wwf.de/themen-projekte/artenlexikon/meeresschildkroete

Rettungsstation für Schildkröten:
Es gibt viele Rettungsstationen für Schildkröten auf der ganzen Welt. Ich habe die meisten Informationen von dieser gewonnen – inklusive der Inspiration für den Wellness-Tag!
https://oliveridleyproject.org

Fakten über Schildkröten:

Lerne ein paar interessante Dinge über Lederschildkröten:

https://www.tierchenwelt.de/schildkroeten/4157-lederschildkroete.html

Costa Rica:

Um ein paar schöne Fotos von der Tierwelt Costa Ricas zu sehen, besuch diese besondere Seite eines alten Freundes und Kameraden in Costa Rica:

https://www.adrianhepworth.com/index

Hilfe spenden:

Wenn du Lust hast, den Schildkröten zu helfen, gibt es hier ein paar Tipps und Petitionen, denen du deine Stimme geben kannst:

https://www.seeturtles.org/save-the-turtles

Und hier noch eine deutschsprachige Seite dazu:

https://www.stiftung-meeresschutz.org/foerderung/meeresschildkroeten/

Hannah Golds Website:
Schau regelmäßig auf meiner Website nach, um aktuelle Infos über persönliche Events und Umwelttipps zu erhalten, und abonniere meinen Newsletter »Bear Club«.
https://www.hannahgold.world

Whale and Dolphin Conservation Charity:
Ich bin stolze Botschafterin dieser Stiftung, die sich dem Schutz von Walen und Delfinen widmet. Hier kannst du mehr erfahren:
https://uk.whales.org

Danksagung

Schildkrötenmond ist mein bisher persönlichstes Buch, und es ist ein kleines bisschen beängstigend zu wissen, dass ihr meine Geschichte in den Händen haltet.

Ich werde (genau wie alle Autoren!) oft gefragt, woher ich meine Ideen nehme. Ich hätte darauf gern eine bessere, einfallsreichere Antwort, denn die Wahrheit ist: Ich weiß es nicht. Sie fliegen mir einfach zu, ein bisschen wie Zauberei. Bei diesem Buch bin ich mir nicht sicher, welche Idee zuerst da war – über eine wilde Meeresschildkröte zu schreiben oder aus etwas zu schöpfen, was mir sehr am Herzen liegt. Vielleicht beides zugleich.

Die Wahrheit ist, dass Chris (mein lieber Mann) und ich jahrelang versucht haben, ein Kind zu bekommen, und es, wie bei vielen anderen Paaren, nicht geklappt hat. Das war hart. Es war Mist. Es hat sehr wehgetan und tut immer noch manchmal weh.

Ende 2018, als sich alles freudlos und grau anfühlte, schlug eine Freundin mir vor, als eine Form des Trosts mit dem Schreiben anzufangen.

Und wisst ihr was? Das war der beste Ratschlag, den ich hätte bekommen können! Denn aus diesem Schreiben wurde mein erstes Buch geboren, *Der letzte Bär*. All die Sehnsucht und Liebe, die ich im Herzen hatte, floss auf die Seiten. Es fühlte sich an, als hätte ich etwas Besonderes auf die Welt gebracht – und diesen Ausdruck wähle ich sehr bewusst. Dann geschah ein Wunder, das Buch gewann mehrere Preise und schuf eine Verbindung zu Kindern in aller Welt.

So hatte ich es mir nicht vorgestellt, Kinder zu haben, aber in gewisser Weise war es vollkommen.

Deshalb war es mir wichtig, etwas davon in diesem Buch festzuhalten – um zu zeigen, dass es, auch wenn sich ein Lebenstraum nicht erfüllt, immer noch Hoffnung gibt.

Schildkrötenmond gehört nicht mir allein. Kein Buch gehört jemals ganz und gar seiner Autorin oder seinem Autor. Nein, diese Geschichte gehört Silver Trevelon. Und sie bestand darauf, dass das Buch kein trübsinniges wurde, sondern fröhlich, bunt und voller Abenteuer. Eine Geschichte, die das pure Wunder des Regenwalds und das Mysterium des Lebens in all seinen Formen schildert. Und ja, auch eine Geschichte voller niedlicher, liebenswerter Tiere! (Wer hätte nicht gern eine Speedy als Freundin? Ich auf jeden Fall.)

Es ist mein vielleicht ehrgeizigstes Buch, und es hat großen Spaß gemacht, es zu schreiben.

Und jetzt zu den Danksagungen …

Meine liebe Lektorin Lucy Rogers – für deine Geduld, dein Einfühlungsvermögen und deinen Blick fürs Detail gebührt dir ein schildkrötiger Dank!

Ein Dank auch an den einmaligen Nick Lake – diesmal für den Blitz!

Wie immer ein großer Dank an das gesamte Team von HarperCollins Children's Books für die Liebe und Sorgfalt, die ihr meinen Büchern zuteilwerden lasst: Cally Poplak, Laura Hutchinson, Alex Cowan, Charlotte Winstone, Ellie Curtis, Elisa Offord, Jasmeet Fyfe, Kirsty Bradbury, Geraldine Stroud, Elorine Grant, Eve O'Brien, Val Brathwaite, Kate Clarke, Alexandra Officer, Juliette Clark, Jane Baldock und Charlotte Crawford.

Ich danke meiner Agentin Claire Wilson – für deine Weisheit, deine Begeisterung und die vielen aufmunternden Worte! Und Safae El-Ouahabi für alles, was du tust.

Ein Dank an Levi Pinfold. Du wirst einfach immer besser. Du bist ein Genie, und ich bin wahnsinnig dankbar dafür, dass deine Kunst meine Bücher ziert.

Rebeca Guillen, ich danke dir. Ich habe dich als Baby in Costa Rica kennengelernt, und jetzt, wo du erwachsen bist, hat sich der Kreis geschlossen, indem du viel Costa-Ricanisches zu diesem Buch beigetragen und es damit authentischer gemacht hast. Außerdem warst du so lieb, mir mit meinem Spanisch zu helfen. Und ich danke meiner besten Freundin Alison Bond dafür, dass sie uns wieder zusammengebracht hat.

Ein Dank an meine Verlage in aller Welt, an die Übersetzer*innen, die wahre Wunder vollbringen, und die Leser*innen, die meine Geschichten entdecken. Das bedeutet mir sehr viel.

Immer wieder ein Dankesjubel an die großartigen Buchhändler*innen überall, die sich für meine Arbeit einsetzen. Ich weiß das so sehr zu schätzen. Ein spezielles Shout-out an Helen bei mir um die Ecke in Retford und an Ben, Alison und Sandra in Tring, meiner Heimatstadt.

Ein Dank an die tollen Lehrer*innen, die mich immer wieder damit verblüffen, auf welch vielfältige Weise sie meine Bücher im Unterricht einsetzen. Ihr seid einfach die Besten. Das Gleiche gilt für Lesekreise und Bibliothekar*innen.

Ich danke Miranda McKearney vom EmpathyLab für ihre grenzenlose Wertschätzung der Superkraft namens Empathie und allen anderen hervorragenden Organisationen, die Kinderliteratur unterstützen – BookTrust, World Book Day, BooksforTopics, LoveReading4Kids, um nur einige zu nennen.

Ein Dank geht auch an die Autor*innen, mit denen ich befreundet bin. Es war ungemein wertvoll, dass ihr diese Geschichte (und mich!) so unterstützt habt. Ich weiß es sehr zu schätzen, wenn wir miteinander chatten und uns treffen, uns bei Buchpräsentationen unterhalten, uns auf Festivals über den Weg laufen und bei Verlagspartys miteinander lachen, herzhaft aus dem Bauch heraus.

Über das Thema Kinderwunschbehandlung wird meistens nicht offen gesprochen, und ich möchte allen Liebe schicken, die diesen Weg gehen oder hinter sich haben. Besonderen Dank an Sarah Holland, Gabriela Rosa und Marie Houlden, die mich getragen haben, als ich es gebraucht habe.

Ich danke meinen wunderbaren Freunden und Freundinnen, die immer an meiner Seite waren. Meinen Eltern für ihre Liebe (immer!) und den Mitgliedern meiner erweiterten Familie dafür, dass sie mich so ermutigt haben – meinen Tanten, Onkeln und allen Cousins und Cousinen auf meiner und Chris' Seite. Ein besonderes Shout-out an Niamh und Arthur. Unseren *sehr* matschigen Spaziergang werde ich nie vergessen.

Und ich danke Connor, Charlotte, Oakley und Theodore dafür, dass sie die nächste Generation sind. Ich schätze mich so glücklich, euch in meinem Leben zu haben.

Ein Dank an Chris. Wir haben einen langen Weg miteinander zurückgelegt, und obwohl es nicht so gekommen ist, wie wir gehofft hatten, sind wir immer noch hier! Stärker denn je. Und Respekt für deine vielen Läufe. Du hast den Marathon geschafft, und ich bin wahnsinnig stolz auf dich!

Ein Dank geht an Arthur, meine Schildkröte, der mir Inspiration für Luna geliefert hat. Und an meine Katze Gremmie, die seit neunzehn langen Jahren meine Gefährtin ist. Bei meinen Schulbesuchen habe ich immer von Gremmie erzählt. Während ich diese Danksagung schreibe, weiß ich, dass sie ihr letztes Kapitel erreicht hat. Mein kleines Fellbaby – ich kann gar nicht sagen, wie sehr ich sie vermissen werde.

Und schließlich danke ich noch mal meinen Leser*innen. Wirklich, ich bin jeder und jedem Einzelnen so dankbar. Für die Freude, die ihr mir bringt! Wenn ich euch in den Schulen, auf den Festivals und in den Buchhandlungen sehe oder wenn ich eure Briefe lesen, macht mich das so glücklich. Manchmal, wenn ich traurig darüber bin, dass ich nie Mutter werden durfte, denke ich an euch alle. Zu Tausenden. Zu Hunderttausenden. Und mir geht das Herz auf.

Hannah Gold wuchs in einer Familie auf, in der Bücher, Tiere und die Schönheit der Außenwelt wichtig waren. Sie schreibt mit Leidenschaft Geschichten, die ihre Liebe zum Planeten ausdrücken. Wenn sie nicht gerade schreibt, ist sie auf der Jagd nach ihrer nächsten großen Tiergeschichte und übt ihr Brüllen.

Sylke Hachmeister arbeitete einige Jahre als Lektorin in einem Kinderbuchverlag, bevor sie sich als Übersetzerin aus dem Englischen und Niederländischen selbstständig machte. Ihre Bücher wurden bereits vielfach ausgezeichnet.